现代体育教学多元化理论与实施路径研究

张建强　张建高◎著

吉林出版集团股份有限公司｜全国百佳图书出版单位

图书在版编目（CIP）数据

现代体育教学多元化理论与实施路径研究／张建强，
张建高著. -- 长春：吉林出版集团股份有限公司，
2023.5

ISBN 978-7-5731-3455-4

Ⅰ．①现… Ⅱ．①张… ②张… Ⅲ．①体育教学–教
学研究 Ⅳ．①G807.01

中国国家版本馆 CIP 数据核字（2023）第 141647 号

现代体育教学多元化理论与实施路径研究

XIANDAI TIYU JIAOXUE DUOYUANHUA LILUN YU SHISHI LUJING YANJIU

著　　者	张建强　张建高
出 版 人	吴　强
责任编辑	蔡宏浩
装帧设计	万典文化
开　　本	787 mm× 1092 mm　1/16
印　　张	8.25
字　　数	150 千字
印　　数	2000
版　　次	2023 年 5 月第 1 版
印　　次	2023 年 9 月第 1 次印刷
出　　版	吉林出版集团股份有限公司
发　　行	吉林音像出版社有限责任公司
	（吉林省长春市南关区福祉大路 5788 号）
电　　话	0431-81629679
印　　刷	吉林省信诚印刷有限公司

ISBN 978-7-5731-3455-4

定　　价　50.00 元

如发现印装质量问题，影响阅读，请与出版社联系调换。

PREFACE　前　言

　　在体育教学中，信息的传播途径是多种多样的。要实现体育课程的教学目标，除了需要具备良好的教学技能和良好的体育素质之外，还要注重教学方法的应用。近年来，由于计算机网络技术的迅猛发展，许多高校的体育课程都开始运用到了多媒体技术，其特点是图形、声像俱佳、动静兼备，学生能够更好地了解和体会到各种抽象的现象和感觉，使课堂上的教学进入一个崭新的阶段。

　　本书首先从基本理论、教学目标、教学原则、教学过程等方面进行了概述；其次，阐述了现代体育教学思想，其中包括"寓德于体"教育思想、"寓智于体"教育思想、"寓美于体"教育思想以及"寓乐于体"教育思想；最后分析了现代体育教学多元化理论、现代体育教学的影响因素以及现代高校体育教学方法，让读者对现代体育教学的内容研究有一个全新的认识，充分反映了21世纪现代体育教学多元化理论与实施路径的前沿问题，力求让读者深刻认识现代体育教学研究的重要性和必要性。本书兼具理论与实际应用价值，可供广大体育教学相关工作者参考和借鉴。

　　为了提升本书的学术性与严谨性，在撰写过程中，笔者参阅了大量的文献资料，引用了诸多专家学者的研究成果，因篇幅有限，不能一一列举，在此一并表示最诚挚的感谢。由于时间仓促，加之笔者水平有限，在撰写过程中难免出现不足之处，希望各位读者不吝赐教，提出宝贵的意见，以便笔者在今后的学习中加以改进。

编　者

2023年3月

CONTENTS 目录

第一章 现代体育教学概述

第一节 体育教学理论

一、体育教学的概念

教学是一项具有独特意义的教育实践。从宽泛的意义上说，是指教师引导自己的学生运用某种特定的知识或技巧进行学习的一项行为。学者是指那些学习的人和其他相关的人。狭义的"教学"是指在学校里由教师指导的、以一定的知识和技巧为目标的教育和学习结合起来的活动。所以，教学是一种以教育目标为导向，由教师和同学的学习构成的一种教育行为。在教师的指导下，学生能够自觉地获得有组织的学习能力，发展智力和体能，陶冶品德，形成人格的全方位发展。

教学最显著的特点就是其独特的教育行为。体育与其他学科的教学一样，是有目的、有计划地、有组织地向学生灌输各种知识和技巧，使他们能够正确地把握自己的学习过程和方式，从而使他们养成良好的情感价值，养成良好的性格和品德。但是，体育教学的独特性就是，只有这样，才能使学生的身心活动得以实现。

体育教学的雏形要追溯到原始社会。原始人类的工具制作及狩猎方法的传承本身就是一种身体动作技能教学，只是在现代社会条件下，当体育成为独立的教学内容、教育手段和娱乐方式后，体育教学才逐步独立和发展起来。二战结束以来，随着科学技术的进步和社会生产力的提高，人类的生活质量也不断提高，但随之而来的是体力活动的减少和工作节奏、生活节奏的加快，致使人们的心理压力明显增大，这些变化对人类健康的危害日益显现。20 世纪 70 年代，联合国教科文组织针对现代教育提出了适应社会发展和需要的人才培养要求，即"健全的体魄，高尚的道德情操，丰富的科学文化知识"，第一次在评估人才时，把身体素质作为最基本的素质。指出了体育在教育系统中的地位，并使其更加普遍地受到关注。在体育教学内容、教材、教学方法等方面，各国都在不同程度上进行了探讨和改革。快乐运动、体育材料的结构研究、小组教学方法的研究、体育教学目标分类研究、基本运动能力的形成和发展、体育教学模式的研究，把体育教学与人格培养的内在关系提升到一个全新的高度，使体育教学从单纯的运动技巧教学向促进人的身心健康、人格的健康发展。

体育教学是师生共同进行的，它的主要任务是把体育知识、运动技巧、身体素质、道德意志等方面的知识传授给学生。它是学校体育的基本形式，是实现体育目标的主要途径。因此，体育教学活动是一个由多因素组成的复杂现象。深刻认识体育教学现象的目的，是为了研究"把一切事物教给一切人的艺术"。体育教学的目的是寻求并找出一种教学方法，使教师可以少教，学生可以多学。

体育教学包含以体育知识和技能为内容的教与学两种活动、两种过程。教和学，分别由教师和学生进行。教是教师传授知识和技能的行为与过程，教的意义是指教授、讲授、传授、指导，通常"教学"一词特指教师的教；学是学生内化知识技能的行为和过程，包括学习、模仿、领会、掌握、复习等。教学过程中，教师、学生、教材、教学情境等诸多要素相互影响、关联，形成了一种错综复杂的教学关系。教学中首先要抓住这一根本关系，才能深入研究教学问题，揭示教学的规律。

总之，教学是教与学，不只是教也不只是学，更不是教加学，教授与学习相结合，师生互动。这个共同的行为基于"教师的主要目的是激励学生的学习"和"教师以学习为基础"的学说。这不仅表明了教师和学生之间的联系，而且表明了教和学之间的协调。因此，可以把体育教育界定为：

体育教学是指在学校教育中，通过教师有目的、有计划地、有组织地进行体育知识和运动技能的系统学习和掌握，从而促进身心健康，增强体育锻炼和适应自然和社会环境的能力，形成良好的思想道德修养和人格发展的教育过程。

二、体育教学的特点

体育与其他学科相比较，其主要区别在于它的教学内容是体育和它的独特的教学方式。从各个方面对体育教学产生的影响，可以看出，在体育教学中，体育教育呈现出如下特征：

（一）教学内容的实践性

体育教学内容主要是以身体锻炼、身体练习、运动技术与技能的学习以及教学比赛等形式为主的，而这些形式的实现又主要是以"身体活动"为主要手段的。体育教学是体育教育的一个重要特征，它要求学生参与多种体育锻炼，把体育的身心和思想锻炼相融合，以掌握体育知识、技术技能，并能养成正确的态度、情感和价值观。实践是我国高校体育课程改革的一个重要特征。

在体育教学的过程中，既要教授体育的知识、技术和技能，又要训练学生运用知识的技能，把体育的抽象知识具体地表现出来，使他们的意识、态度和方法得到锻炼。在实践层面上，体育教学与其他课程的实践是不同的。从实践层面上讲，其他学科同样重视理论与实践相结合，但通常都是将现实简单化，即将已有的经验传授给学生，或是证实已有的经验，并在科学发展过程中反复进行一些重复试验。尽管目前我国的高校体育教学已普遍采取"将理论与实际相结合"的方法，但已超出了传统的教育层次。在体育教学中，技术动作的学习与提高不但要通过实际操作来完成，还要通过实际操作来提高技术能力和技术水平。因而，我们可以把体育的全过程看作是一种实际操作的过程，既能直接地体现出运动的实际操作，又能从客观的运动行为中反映出整个运动的过程。

（二）教学目标的多元性

由于体育自身的特殊性，体育教育的目标呈现出多样化的特征。学生应具备体育方面的知识与技能，以提高其身体素质、运动技术和身体健康。同时，还要帮助学生学会通过参加体育活动调节情感和提高心理素质，并且通过体育活动逐步提高学生的社会化水平。与其他学科教学相比，体育教学目标更广、更具多元性。

体育教学除了要通过认知活动来获得相关的体育知识、技术和技能，还要在体育教学中进行各种各样的体育锻炼，以促进学生的健康发展。体育教学的主要特征是：学生可以直接参与多种形式的身体锻炼，进行体育学习。学生在进行各种形体姿态的实践中，进行思考，掌握必要的知识和技能。体育教学的主要内容是：通过体育锻炼，把体育和思想运动相结合，掌握体育知识和技能，培养学生的正确态度、情感和价值观。在体育教学目标的实现上，大学生的体质存在着显著的差异。因此，在体育教学中，要注重学生体质的不同，科学地确定教学目标、选课内容和训练任务。

（三）体育教学过程具有动态性

体育教学是一个不断变化的过程。在形式上，它是以信息的传递与交流为基本要素，并在一定程度上改变了体育教学的质量与数量。构成体育教学的各要素是相互联系、相互影响的，不是一套固定的、有时间顺序的、有区别的教学阶段，而是处在一个不断变动但又具有一定规律的运动过程。在体育教学中，体育教学的内容、形式、方法等可以由教师来决定，而组织、模式、方法和方法的选用，却要根据学生的心理特点、人数、发生环境、师生的知识背景等因素来进行。所以，在体育教学中，经常要依据所讲的内容和教材的不同而改变其教学方法，例如，有时采用练习的方法，有时采用竞争的方法，有时采用发问的方法。同时，这种动态的特点也体现在：教师要根据学生的语言、非语言行为，适时地对教学内容、形式进行适当的调整，以保证教学的良好效果。因此，要从动态发展的角度对体育教学中遇到的问题进行分析，并加以解决。

（四）教学方法的独特性

由于体育教学内容的实践性，因而体育教学单靠记忆、识记和理解并不能掌握运动技术、形成运动技能，同样也不能增强体质，学生只有通过身体练习，不断进行身心方面的运动体验，来强化体感知觉，才能形成技能，增强体质，增进健康。

所以体育教学的主要方法与其他学科的教学方法相比，具有自身的独特性，在体育教学这种技能性教学活动中，主要运用讲解与示范法、预防与纠正错误法、完整与分解法等身体动作而进行的教学方法。这些特殊的体育教学方法要求体育教师不仅能讲解指导，还需要能亲自示范动作；不仅会讲会做，还要会教会纠，因而对教师的要求较高。

（五）教学组织的复杂性

体育教育的开展，一方面是在户外，是在自然环境中进行，因而教学中受气候及教学环境影响较大，体育教师必须依据季节、气候、教学环境及条件等因素的不同情况来组织教学，这就比其他课程在教室里上课的施控因素复杂许多；另一方面，在体育教学过程中，师生几乎都处于一种运动过程中，教学的时间、空间、内容、场地、器材等因素始终保持在一个动态平衡过程中，所以教学组织难度也比其他课程更复杂，对教师各种综合能力要求较高，要掌握复杂的体育教学组织工作，必须要有特定的专业培训。

体育教学与学生的基本身体素质有着直接的关系，但其身体和心理发展的基本水平却有客观的差别，因此，在体育教学中，既要考虑到男女学生的性别差异，也要根据学生的个性特点，采用不同的组织方式进行差别处理。由于学生在教学活动中处于不断变化的、多种形式的活动之中，而且教学容易受到天气、外界的影响，因此，教学组织和管理工作更具复杂性，必须精心设计、精心组织，使教学组织形式、步骤和手段具有更大的灵活性。在一定程度上，搞好教学的组织和手段，是实现体育教学目的的重要保障。

深入地认识和了解教育的过程特征，有助于我们更好地认识体育教学进程，从而更好地把握运动的发展规律。

（六）教学评价的及时性

一方面，因为体育教育目的的多样化，以及其实践活动的特点，使得体育教学评价与其他教学评价相比显得更复杂，更注重其锻炼效果的过程评价；另一方面，不但体育教学的行为过程转瞬即逝，而且学生体育学习的结果即体能、机能和技能等的变化也不像理论知识那样可以在掌握以后长期记忆甚至以文字的方式长期保存。体育行为一旦中断，体育学习的结果如体能、机能和技能已经发生的积极变化会很快地消退，学生对技能的掌握情况在体育动作行为中止后评价对象也就不复存在。因此，对体育教学特别是对学生体育学习的情况及时地进行评价，才能对学生的学习做到及时反馈、不断提高，并尽可能延长和保持好的体育学习效果，修正不良的体育学习行为。因此，对体育教学过程，特别是学生体育学习过程的评价甚至比单纯的终结性评价更为重要。

（七）体育教学过程具有社会交往性

体育教学是教师和学生的双向学习过程，在教师的指导和帮助下，客观上，学生要进行多种形式的身体锻炼和运动。在其他学科中，教师与学生的关系以师生关系为主，而在体育活动中，学生与人的关系却是相对重要的。所以，我们将体育教学中的人际关系称作"小教室"，也就是"社会的浓缩"。体育教学中的人际关系、人际交往既是社会性的，也是生活性的，它包括师生之间的交往、学生之间的交往、学生和集体的交往。

第二节 体育教学目标

一、体育教学目标的界定

长期以来，我国学者对体育教学目标和任务的定义，认为体育教学目标是指体育教学计划能达到的最终目标，是体育教学领域为实现学校体育目标而制定的总体目标。体育教学是指以完成某项运动的目标而承担的义务，也就是通过完成某项工作来实现其目标。然而，体育教学目标、任务仅仅是一条原则上的规定，对教学有一定的指导意义。体育教学是一个复杂的教学过程，要把教学目标和任务落实到教学系统的各个环节，就必须对其进行明确的规范。在论述"目的"与"目标"的联系时，指出"目的包含了指向的含义，表现了普遍的、总体的、终极的价值，而目标包含了过程的含义，体现了个体的、局部的、阶段的价值"。体育教育目的是针对各个层次、各个环节制定特定的教育规范，便于实践和验证。体育教育目的是指在体育教学中，由运动的对象预先确定的、在特定的教学过程中要达到的、并能通过现有技术方法来衡量的。

体育教学目的、教学任务与体育教学目标是相互关联和有所区别的。体育教学目的、教学任务等是按照体育教学目的和教学目标的特定要求而制定的。这是他们的共同之处，但有不同之处之处：

第一，体育教学目的、任务与体育教学目标具有普遍性与特殊性。体育教学目的和任务是体育教学活动的总体要求，它对体育教学活动具有普遍性的指导意义，体育教学目的是体育教学的具体要求，体育教学目的是体育教学中某些单元、课时等特定领域的教学活动。

第二，体育教学目的、任务和教学目标是指目标和实现目的之间的联系。体育教学的目的和任务是把体育期望的体育能力和水平作为指导，缺少数量和质量的规定性，难以对其进行评估。

第三，体育教学目的和任务具有稳定性，体育教学目标具有一定的弹性。体育教学目标与任务既体现了社会的意愿，又体现了客观需要，特别是体育教学目的是以指令性形式表现出来。体育教学任务主要体现在教育行政部门所颁发的体育课程标准中，具有强制性。而体育教学目标更多地反映了学生的主体性，具有一定的独立性，可以根据实际情况进行调整，但它也有一定的弹性，必须以体育教学目标和任务的综合落实为前提。

第四，体育教学的目的、任务体现了体育教学的发展方向，不分阶段、不分层级，是体育教学的终极目标，体育教学目的是达到体育教学目标，它具有阶段性的意义，要通过多个阶段、多个层面不断地完成教学目标，才能达到教学目的。

二、体育教学目标的特点

体育教学目标概念的提出，受教育目标研究的影响。早在 20 世纪 30 年代，随着进步主义教育运动的兴起，"教育目标"最先提出，50 年代提出了"教育目标类型划分"的理论，并在 60 年代得到了广泛的关注。现代体育教育的目标是：

（一）预期性

体育教学目标是指体育教师在体育活动中所期望实现的教育效果，即在体育教学活动开始前，人们对体育知识、技术、技能和身心发展有什么影响。体育教学目标既是基于当前学生的发展状况，也是超出其自身发展状况的需要，是通过不断的努力才能实现的。体育教师期望实现的目标是否明确、具体、科学，直接关系到体育教师的教学质量。

（二）系统性

体育教育的目的是一个具有多个具体目标的系统，其各个教学目的相互关联，因而应从系统、连贯的角度来看待。在各个特定的教学目标体系中，各个特定的教学目标并不是孤立的，要把它们放在一个整体的体育教学目标体系中去衡量，即体育教学目标中的各项目标是具有整体性的，要求诸目标分工合作，相互联系，相互促进，相互加强，其中某一目标的存在和实现，都是以其他目标的存在和实现为条件的，只有这样才能体现和提高系统的整体功能。

（三）层次性

体育教育的目标是一个多层面的系统，它的最高层面是总体目标的实现，而最小的层面是一个特定的行为。其中又包含若干中间层次目标，构成一个多级层次的目标体系。只有通过实现较低层次的目标，才能实现较高层次的目标，这主要表现在时间序列上。在实现低层次的目标中，应紧紧围绕高一级层次的目标要求，也就为高层次目标服务。越过较低层次教学目标而直接实现较高层次的目标，是难以取得理想效果的。

（四）可行性

所谓可行性，就是可达成性，即教师和学生经过一定的努力可以达到的目标。一般来讲，体育教学目标明确、具体、可行，有利于教学活动的成功实施，如果目标笼统而且难度大，教学目标本身就失去其应有的价值。所以，制定体育教学目标必须切合实际，既不能过低，也不能过高，要使师生都具有可接受性。

（五）灵活性

体育教学的目标可以因校、因班而异，教师应结合具体的具体情况而设计，在课程的内容和需求上要有一定的灵活性，这样才能使学生更好地适应，从而达到最好的教学目的。体育教学的复杂程度是影响体育教学目的柔性的重要因素。灵活的教学目的是更好地满足学生的需要，从而达到身体和心理的和谐发展。

三、体育教学目标的功能

体育教学目标在教学活动中所具有的功能主要有以下几个方面：

（一）定向功能

教学目标是指体育教学活动的预期效果，它在指导体育教学中发挥着重要的指导作用，使教师和学生在体育教学中的活动有一个清晰的指导，以防止教学中的盲目，确保体育教学目标的实现。实践证明，体育教学的效果与其目标的定向功能息息相关。总的来说，体育教育的目标定位是对的，也就能达到积极的教学效果；如果教学目标定位不正确，那么，教学效果就会受到负面影响。一位优秀的体育教师，总能从一开始就给学生明确、准确的教学目标，从而达到良好的教学效果。

（二）控制功能

体育教学目标确定之后，就与控制有关。在明确了教学目标之后，体育教学或学校的教学管理者可以通过教学中的信息反馈，对教学中的偏差进行有效的矫正，使教师所教的和所学的活动能够紧密地围绕着完成体育教学的目标，所有的教学活动都要以达到体育教学的目标为指导，这样才能避免教学的盲目性，加速教学过程，提高教学质量。

（三）激励功能

目标是激励人的动力。在教学之前，对学生进行明确的教学目标，可以使他们对新课程的学习有更高的期望值，并能使他们的学习动机得到充分的发挥。美国行为学家弗鲁姆在他的《工作与激励》中提出了一种新的动机理论，即期望价值理论，它把目标视为一种强大的刺激。激励效果的强弱（激励力）由两个因素决定，即：激励力＝目标价值×预期可能性。换句话说，考虑到一个目标的价值，它的实现可能性就会更大，这个目标的动力就会更大。体育教学目标要达到最大的激励作用，必须使目标达到最大限度地满足学生的需求，才能有效地激发学生的学习动力，保证体育教学目标具有激励学生乐学的力量。

（四）评价功能

教学评价是提高体育教学质量、提高教师素质的一个关键因素，而评价的依据则是教育目标，而教育目标是学校教育目标的核心，是对体育教学的客观、合理的评估。教学目标设置不当，将会对评价结果产生不利的作用。在体育教学中，学生在进行体育教学目标评估时，它既可以作为评价教学质量的依据，又可以作为教师制定体育教育目标的反馈。在体育教学过程中，要注重教学目的的评价作用，优化教学过程，提高体育教学的教学效果。

（五）教学功能

对于体育教师来说，制定体育教学目标是一项细致的工作，既要具备一定的体育专业基础和有关的理论，又要具备基本的教学方法和技能。体育教师在教学过程中，其教学素质和水平就会得到提高。在制定体育教学目标的过程中，教师必须钻研体育课程标准和教学内容，并对学生做出系统的分析，从教学方法、组织形式、评价等角度进行全面的考虑，才能最大限度地优化教学过程。对于学生来说，明确了教学目标后，会有更强烈的参与感，能更好地分析自己的学习计划，确定学习重点，在达到教学目标后，会增加成功感，让学生在今后的体育教学活动中更加积极、主动。

四、体育教学目标的实施

体育教学目标的实现通常由下列步骤组成：

（一）认真备课，定标导向

课时计划是体育教学目标的实施方案，每一位体育教师在备课时应严格按照教学目标的指向进行，脑中要有大纲、教材，心中要有目标、学生，进行教学活动时要有方法、程序，力求做到单元、课时目标明确、适当，课堂教学设计科学合理，课时计划达到规范化。教学目标既是教师教的目标，也是学生学的目标，明确体育教学的目标，是为了使体育教学能够更好地实现教学目的，从而有效地降低和控制体育教学中的干扰因素和低效劳动。良好的定标导向，有助于学生在学习之前形成正确的学习定势，提高体育教学质量和效率。

（二）围绕目标，指导转化

只有把教学目标转换为学生的学习目标，才能使其真正为学生所掌握。一是要充分发挥学生的主动性，使其积极参加课堂教学；二是针对不同的教学目的，采取不同的教学策略，使体育教学符合现代教育思想，符合学生身心发展的特点和认知、技能、情感发展的规律；三是教学方法、手段要多样化，抓住教学重点、难点，增强教学的针对性和适应性；四是从实际出发，因材施教，分类指导，循序渐进地实现教学目标，使学生获得成功的体验，发展学习能力并提高学习效率。

（三）反馈矫正，达标整合

教学目标在实施过程中，教师要及时获取学生的反馈信息，及时地发现问题、纠正错误、弥补缺陷，从而达到教育活动的目的。既要重视学对教的反馈，又要重视教对学的反馈，把教学同学生的需要联系起来，取得更好的协同效应，保证反馈矫正的准确、及时、充分。通过将达标后的新知识与原有的知识进行整合，形成新的知识和技能结构。

（四）总结评价，矫正补救

教学目标作为衡量的指标，是体现教学目标实施的全过程，是对体育教学目标的实现、教学目标本身的合理程度、教学目标实施中的问题的综合评估。为了尽可能客观、准确、全面，可以采取多种方法进行综合评估。为今后调整教学目标提供依据，使下一个教学目标的实施更富有成效。

第三节　体育教学原则

汉语中"原则"的含义是"观察和处理问题的准则"，英语中有"指导原理"和"基本要求"的含义。所以，在教育理论中，一般将"教学原则"界定为"教学"的基本要求和"指导原则"。教学原则在教学中具有重要的指导意义：①以教学为起点，以教学原则为指导；②教学原则是教学活动的总调节器，在教学过程中，教师要根据教学原则对教学活动进行调控和控制；③教学方针是衡量教育质量的标准，而教育的质量归根结底取决于教育方针的落实情况。因此，体育教学原则是每一位教育工作者都应该了解的重要内容。

教学的基本原则是"标准"，属于"主观"的教学元素。教学原则是根据教学实践经验和认识教学规律而制定的。教学原理是根据对教学法的正确认识而制定的。本节认为，教学原则"基于特定的教学目标，基于对教学规律的理解，并以此来指导实践"。教育原则具有规范性、时代性、理论性和多样性等特征。

不管是普通的课程，还是体育课程，它的教学原理都是由若干个甚至数十个组成的。体育教学的内容和要素很多，很难将其归纳出来。体育教学原则可划分为三大原则：教育性原则、科学性原则和锻炼性原则。体育教学法是对体育教学的实践经验和规律的归纳、总结，是实现体育教学的最根本要求，是维持体育教学的根本要素，是评判体育教学质量的重要依据。本节介绍了七条与运动教学紧密联系在一起的基本原理。

一、合理安排身体活动量原则

（一）合理安排身体活动量原则的含义和依据

体育教学以身体活动或身体运动为特征，在体育教学中应合理地分配体育负荷，以达到锻炼身体和掌握体育技能的目的。

根据体育教学的本质特征，结合体育教学中的运动负荷规律，提出了合理的体育锻炼量分配原则。一般来讲，运动负荷就是学生做练习时身体所承受的生理负荷量，它由运动强度和运动量构成。运动强度就是单位时间内身体所承受的量的大小，运动量就是运动的内容、数量、时间等。在体育教学中，合理地安排身体活动量，使学生都能达到适宜的生理负荷量，才能在锻炼中收到锻炼效果。

（二）贯彻合理安排身体活动量原则的基本要求

1. 身体负荷量的安排要服从教学目标

为了达到一节体育课的教学目标，应确定合理的体育锻炼量，简单讲要根据课程目标、课程类型来安排不同的运动负荷。

2. 要针对学生的特点安排身体活动量

体育教学过程中，参与学习锻炼的学生存在个体差异，学生的体质不同、性别不同，具体到身体形态、身体机能、身体素质不同。因此，一定要根据不同学生的特点安排运动负荷。

3. 运动负荷的调节

运动负荷由运动强度和运动量构成，要使体育教学过程中学生的身体活动量适宜，就必须根据课程目标、教学内容、教学进度、教学设计等来调整运动负荷。调整方法无外乎调整运动强度或调整运动量两个方面。一般而言，强度大、量就小；反之强度小、量就大，这是一般的体育教学运动负荷调整原则。在体育教学中一般对运动量进行调整，即调整练习的内容、练习的时间或练习的数量即可达到我们的适宜要求。

二、注重体验运动乐趣原则

（一）注重体验运动乐趣原则的含义和依据

在体育教学中，通过培养学生对运动的兴趣，体会体育活动所带给同学的快乐，让他们热爱体育。

根据体育教学中的游戏特点，结合体育教学过程中的情绪变化规律，提出了重视体验运动乐趣的原理。使学生在体育教学中体会到快乐，并对其感兴趣，是提高体育教学质量的必由之路。使学生在体育活动中体会到快乐，既是终身体育的需要，又是体育教育的目的。

（二）贯彻注重体验体育乐趣原则的基本要求

1. 要正确处理和对待运动中的乐趣

每一项运动都具有其独特的内在趣味，而这种趣味来源于运动本身的特性和竞赛特性，因此，在教学中应注意正确处理。对这些乐趣不能盲目地追求，而应该从教学目标和教学手段两个层面去汲取对教学过程有用的、有积极意义和价值的乐趣。

2. 乐趣的基础是获得成功的体验

要让孩子们在体育活动中感受到成功的快乐，必须注重对体育的学习方式和内容的思考，这样才能让更多的人感受到胜利，而非经历失败。

3. 处理好体验乐趣与掌握运动技能的关系

掌握运动技能，提高身体素质，是当前我国高校体育教育的主要目标。在体育教育中，应充分认识和体会体育活动的快乐，并将两者结合在一起。所以，在体育教育中，要注重具有较高的趣味性和较高的教育内涵；在教师的帮助下，将有很高的教育价值但不太有趣的东西，赋予其有乐趣的因子，使教学富于乐趣。

4. 要开发多种易于学生体验乐趣的教学资源

充分挖掘和使用教育教学资源，对于提高体育学习兴趣具有十分关键的作用。调整课程内容，调整练习条件，调整场地器材，使学生获得良好的体育锻炼经验，这需要教师认真地根据学校现有的各种条件进行挖掘与整合。

5. 体验成功不忘挫折，体验乐趣不忘磨炼

磨炼与挫折往往伴随着成功，经过磨炼与挫折、失败才可能成功，这是一条普遍的规律。在体育教学中我们要让学生经历这些磨炼与挫折，但要把握好一定的度，以不挫伤学生学习的积极性为限。

三、促进运动技能不断提高原则

（一）促进运动技能不断提高原则的含义和依据

促进学生运动技能持续提升的原则，就是要在体育教学中，不断地提升学生的运动能力，使其达到更好的教学效果。运动技能的掌握，不仅是"授业"的职责，而且是"解惑"运动的基本内容，掌握运动技术不仅是锻炼学生身体、提高学生运动素质的有效手段，同时也是学生体会运动乐趣、掌握运动锻炼方法的先决条件。因此，培养学生的运动技能，既是衡量体育教学效果的重要指标，也是衡量体育教师教学水平的重要指标。

（二）贯彻促进运动技能不断提高原则的基本要求

1. 要正确认识运动技能的提高在体育学习中的重要意义

综上所述，运动技能的掌握是体育"授业"的职责，也是体育"解惑"的重要依据，掌握运动技术是锻炼学生体质、发展学生运动素质、体会运动乐趣、掌握运动训练方法的先决条件。在体育教学中，体育教师要正确认识提高学生运动能力的重要性，并切实做好体育教学工作。学习体育技术，"蜻蜓点水""低级重复"是绝对不行的，一旦步入社会，就不可能让学生对体育技术一窍不通。

2. 要明确运动技能学习的目的，有层次地掌握运动技能

与运动员相比，大学生的体育能力和技术水平的提升是有区别的，他们的目的是娱乐和健康。所以，在体育教育中，要确立"健康第一""为大学生提供终身体育运动"的理念，应熟练运用1~3种常见的运动技巧，掌握多种运动技巧，学会以多种形式进行锻炼，进行各种形式的体育运动，达到终身体育的目的。

3. 要钻研"学理"和"教法"，提高教学质量

为了使大学生能够熟练地运用运动技术，就需要了解其掌握的规律，尤其是在体育教育中的运用。由于学校的教学时间相对有限，学生数量众多，教学场地和设备有限，因此，学生在教学中所处的环境与学生的自由活动环境有着很大的差距。所以，要对提高运动技能的方法与法则进行探讨，即"学理"的学习与基于"学理规律"的教法的学习，这种积累是制定科学的体育课，改善体育教育的质量的先决条件。

4. 要创造提高运动技能的环境和条件

要使学生熟练地运用体育技能，就需要营造一个良好的学习环境。这既有体育教师本身的技能，也有对场地设备的配置和教学条件的优化，以及对团体的组织、同学之间的交流与评价。

四、提高运动认知和传承运动文化原则

（一）提高运动认知和传承运动文化原则的含义和依据

提高运动认知，传承运动文化，就是在体育教学中，开展对运动的认识、对体育文化的继承。本节从体育实践和体育认识的互动关系出发，提出了提高运动认识、传承运动文化的基本原理。

运动认知是指人们在不同的体育活动中所产生的一种独特的认知模式。运动认知的获取和提升，与人们的学习、工作、生活密切相关，更与人们的身心健康、快乐密切相关。在学校教育中，各种学科承担着不同的训练任务，而体育教学则是学生获得运动认知的主要场所。体育教学的价值在于对学生的运动认知能力的培养与提升，从而使其认知能力得到全面的发展。运动文化在人类文明中占有举足轻重的地位。我们的后代一定要把这种优良的文化传承下去，因此体育教育的一个重要课题就是继承体育文化。

（二）贯彻提高运动认知和传承运动文化原则的基本要求

1. 要重视体育学习中的"认知"因素，要完成"学懂"的目标

要在体育教学中做到"懂"与"会"，"会"是指对动作技术的熟练掌握，而"懂"则是对动作技巧的掌握和对运动文化的认识。了解运动技巧的基本原理，有助于在今后的体育训练中举一反三；了解运动文化的特点，有助于区分运动文化和其他文化的性质和形态，使之更好地融入体育运动中去，两者都与学生的终身体育息息相关。

2. 要重视培养运动表象和再造想象

运动表现和再现想象力是学生形成动作、掌握运动技能的根本。学生大脑中的运动性表现越多，他们的创造力就越大，就能更快、更准确地把握动作。因为学生对一个动作的认知，主要取决于他们对这个动作的表现。因此，在体育教学过程中，要时刻关注学生的动作行为，使他们能够掌握正确的认知和知识。在教师的示范、讲解或观看视频的帮助下，学生在自己的模拟训练中，形成正确的、明确的动作形象，并在再现的过程中，实现对动作的巩固。

3. 要重视"发现式学习"和"问题解决式教学法"

在体育教学中，应注意"发现""问题解决"等学习方法，以增强学生对运动原理、运动学习方法的认识，增强"智育"的素质，并将其作为终身体育锻炼的一部分。体育教学与其他认知学科在教学过程上存在较大差异，但仍应注重从学生的认知规律出发，提前对体育教材中的相关理论、知识进行归纳、组织，形成"课题串""问题串"，以建构认知性教学。

4. 要开发有利于学生认知的教学方法与手段

为了增强学生的认识能力，应积极探索培养学生的认识能力的教育途径。在教学形式上，应注重提问、讨论、集体思考、集体总结等多种教学方式的培养。在教学形式上，应注重培养学生的学习能力，如：巧妙使用黑板、模型、电脑课件、学习卡片等，使学生的学习能力与运动意识的提升相结合。

五、在集体活动中进行集体教育原则

（一）在集体活动中进行集体教育原则的含义和依据

在集体活动中实施集体教育，是指在体育教学中要充分利用集体的力量，尤其是在小组内开展集体教育，以促进学生形成正确的集体意识和集体行为。在集体活动中开展集体教学的原则，是根据体育学习群体的组成、发展和分化等特征，提出了体育集体学习的主要内容。

体育活动以竞争、合作为主要特征，而这些特征与集体活动紧密相关，而且很多项目都与小团体有着紧密的联系，比如，5~6个人的小团体，有篮球小团体、排球小团体以及足球小团体等。所以，体育和集体的形成是一种自然的关系。另外，体育教学与课堂教学是有区别的，受场地、器材、活动范围等因素的制约，而体育学习又往往以集体的形式进行，这就导致了运动学习模式与集体形成之间存在着内在的联系。在体育教学的目的上，对大学生进行群体教育，不仅是社会化的需要，而且也是大学生在终身体育活动中养成集体行为的需要。为此，应在体育教学中充分利用集体体育的要素，为今后的社会体育活动奠定良好的基础。

（二）贯彻在集体活动中进行集体教育原则的基本要求

1. 分析、研究、挖掘体育活动和体育学习中的集体要素

前面已经提到，体育活动与体育学习的集体元素十分丰富，其中包括"共同目的""团体自觉""领导核心""责任共享""规则确立""共同的行为""公共活动""公共活动空间"等群体因素都得到了全面的反映。因此，在体育教学中，必须重视这些因素，并将其有意识地融入学生的集体活动中，从而形成集体意识和群体行为。

2. 要善于设立"集体学习"的场景

这一学习的产生，主要基于两个先决条件：一是"共学主题"，二是"共享学习平台"。"共学主题"是指每一个学生都关心并具有学习愿望的学习任务，它可以是一道难题，也可以是一门技术与策略的重要学习，或者是一项要求坚持不懈或才智训练的科目，或者一项关乎少数团体荣誉的竞赛。这一主题的形成，是学生群体意识的集中、群体行为

的形成。"共享学习平台"是指一种小型团体的组织结构和组织方式，但这并不是一种简单的集合，而是由"共同的目标""团队意识""领导核心""责任共享""规则确立""公共活动"等集体要素组成的。"共享学习平台"是培养大学生群体自觉、群体行为的重要载体和依托。要把集体教育的理念落实到集体活动中，就需要从教材中发掘出与运动技能教学密切相关的有意义的"集体学习"，并通过教学组织方式的改变，有意识地创造出一种"集体学习的平台"。

3. 要开发有助于集体学习的教学技术和手段

体育教学要把集体教育的原则落实到集体活动中，要有集体教育的技术和方法作为后盾。目前，国内外的体育教育都发展了很多促进学生、集体交流的技术和方法，其中包括：集体凝聚力的形成、集体讨论的形式、小组报告的形式、同学间的交流。而在教学方法上，主要表现在"学习卡片"这一群体之间的交互媒体的开发与应用。这种独特的教学方法，为把集体活动融入体育教学中，提供了技术保障。

4. 处理好集体学习和个性发展之间的关系

在体育教学中，不仅要坚持集体学习的基本原理，而且要充分利用每个人的个性特点，使其与群体的培养相互促进。优秀人格的表现应该是在集体伦理一致和集体行为准则范围之内的个体创造，而集体又应该是一个包含多种可被许可的个人的思想和行动的自由团体。我们绝不应因为"集体教育"而否认理性的个人主义思维与行动，更不要因为谈论"个性发展"而放任与群体利益背道而驰的不合逻辑的想法与行动，应将"集体教育"与"个性发展"相融合，使之成为一种共同的学习与实践。

六、因材施教原则

（一）因材施教原则的含义和依据

"因材施教"是在体育教学中要坚持以"以人为本"的理念，结合每个人的不同特点，进行针对性的训练，从而达到提高每个人的运动能力和身体素质的目的。

根据体育教育在学生的身体和心理发展过程中的特殊规律，制定了"因材施教"的原则。尽管在某一年龄段，大学生的身体和心理发展都比较稳定，但由于受遗传因素、生长环境等因素的制约，相同年龄段的学生在身体和心理发展上也存在较大的差别，尤其在体育上。所以，在体育教学中，应充分认识到不同人的不同特点，并遵循因材施教的基本原理，努力实现人人公平、全面发展。

（二）贯彻因材施教原则的基本要求

1. 要深入细致地研究和了解学生

在体育教学中应遵循"因材施教"原则，首先要认识到不同学生的情况各不相同，从而为实施因材施教做好准备。通过问卷调查、查阅资料等方式，明确学生在身体条件、兴趣爱好、体育技能等各方面的特点，并综合分析其差异，制定相应的应对措施。要从发展的角度来看待学生的不同，不能一成不变。

2. 要正确看待和引导学生正确对待个体上的差异

在实施因材施教的同时，还要注意正确地认识和指导学生在学习过程中存在的个性差别。要让他们知道，尤其是在体能和运动上，每个人都有自己的特点，每个人都有自己的发展和追求。同时，让同学们从发展的角度去看不同的人，并指导他们要互相帮助，互相学习，互相评价。教师要在这种教学活动中，形成一种对个人差别的正确认知。

3. 要通过各种体育教学组织形式创造因材施教的条件

在体育教学中，应采取不同的教学组织方式，因材施教，采取不同的"等质分组"（按体能分组、身高分组、体重分组、技能等级分组）。对体质不佳、动作能力差的学生，要开"小灶"，对他们进行关爱；同时，对于那些有良好体能和技能的学生，也要给他们提供更好的发展环境和更高的要求，以确保所有的学生都能取得进步，让每一个人都能够感受到成功的喜悦。

4. 要采用各种体育教学方法进行因材施教

由于在某些体育教学中，不能采用"等质分组"的方式来解决差异化的问题，所以要采取因材施教的方式，比如，"8秒钟赛跑""目标跳远"，这样的教学方式，可以让每一个人都有自己的目标，在比赛中取得突破，也可以和其他优秀的运动员并肩作战。

5. 要把因材施教与统一要求结合起来

统一是以大多数人为中心，而因材施教则是以所有人为中心；对学生的综合素质要求是一个客观的评判指标，而对学生的素质的评判则是对学生的主体性的评判；统一的需求与学校的档案管理息息相关，而根据学生的特点，则取决于学生的学习意愿，然而，不管怎么说，统一的教学和因材施教都是学校的目的和方法，二者都不能缺失。

七、安全运动和安全教育原则

（一）安全运动和安全教育原则的含义和依据

"安全运动"和"安全教育"是指在"安全"的基础上，进行运动和教育。安全运动与安全教育的基本原理是以激烈的体能活动和器材上的身体活动为主的体育教学，既是安全教育的难题，也是安全教育的重点。

运动包括角力活动、非正常体位活动、剧烈运动、持器械身体活动、野外活动、极限探险运动等。所以，体育运动是一种有风险的文化活动，对于初学者来说，它的危险性更大。因此，在体育教学中，既要保证学生的安全，也要注重培养学生的安全意识。体育教学中的"安全运动与安全教育"可以说是一项"一票否决"的规定，如果一节体育课存在着严重的安全隐患，那么无论在其他方面做得多么周密，都将会是一场灾难。

（二）贯彻安全运动和安全教育原则的基本要求

1. 针对上述风险因子，体育教师要在课堂上一一进行检查，排除所有可能存在的隐患。

2. 时刻对学生进行安全宣传。要把安全运动和安全教育理念落实到体育教学中，需要全体学生的紧密合作。所以，体育教师要随时随地给学生做安全宣传，让他们时刻保持"安全"的警戒线，安排专门的时间给他们讲解安全的相关知识和要领，教他们如何相互帮助。

3. 应设置与体育活动安全相关的安保系统和设施。针对某些较为危险的教学内容，制定严格的安全管理体系，并对这些危险的部分进行限定；针对易出现危险的运动场所，要设置安全防护设备和必要的警示标志，提醒学生自主学习时要注意安全。

4. 在学校体育活动中，要配备一名年轻的安全管理人员。同时，教师们也要充分运用体育委员和其他学生干部的力量，把一只眼睛变成多只眼睛，把一张嘴巴变成好几张嘴巴，把一双手变成好几双，这样才能保证整个班级的安全。

第四节　体育教学过程

一、体育教学过程的实质与特点

（一）体育教学过程的实质

体育教学过程是指为实现体育教学目的而进行的体育活动的过程。体育教学的本质是各种现象内在的、共同的属性与特点，是影响着体育教学活动的进程。长期以来，我国体育教育理论界对此进行了大量有益的论述，总结出以下几个主要观点：

1. 认识——发展说

指出了体育课程是一个有利于学生发展的过程。教育的目标是用科学知识、运动技能和技术来训练他们的体能和技能，使他们的行为举止与社会主义的伦理准则相一致。在学习体育技术时，可以系统地发展不同的体质、意志和个性。因此，教育既要使学生掌握知识、技能，又要使学生得到充分的发展。

2. 认识——多质说

指出了体育教学的过程是一个多目标、多层次、多形式、多序列的认知过程。从认识论的观点来看，运动教学是一种特别的认知过程；从结构主义的观点来看，体育课程是以培养学生的能力、培养学生的智力和身体素质为目的的多层次、动态的变化过程；从控制论和信息论的观点出发，认为体育教学是一个信息传递与反馈的过程；从教育心理学的角度来看，体育教学是一个综合的心理活动过程，它是以学生的认识为基础的心理活动过程和以能力为中心的个体心理统一的培养、塑造和发展；从运动生理学和生物化学的观点来看，体育教学过程是在顺应机体功能活动和机体的适应性的基础上发展学生的身体素质；从社会学的观点来看，体育教学更多的是通过社会性的教育，使学生的人格得到更好的发展。

3. 双边活动说

体育教学是一个双向的、教师的、学生的学习的过程。体育课程是指在体育教学中，教师要按照社会和学生的身心发展特征，有组织、有计划地引导和学生积极、主动地学习体育知识、掌握技术和体能的双向运动。体育教学过程是一个时空的、持续的体育教学过程。它是从教师的"知"向学生的"知"转变，从知识到能力，再到道德品质的养成。

（二）体育教学过程的特点

特点是一种特殊的矛盾。体育教学过程特点是体育教学过程的本质特征，对其进行分析，有助于深入了解其本质，揭示其规律。一般认为，体育教学过程的特点是：

1. 运动实践性

体育教学过程是指体育教师对学生进行体育实践活动的指导，体育实践性就成为体育教学的一大特色。实践环境是一种特殊的、有计划的、有步骤地进行的，它是在一个充满开放性的具体情境中，在教师的组织和引导下，按照体育教育的目的而进行的；实践方法是一种特殊的运动形式，它是指学生的身体活动，通过感知、模仿、练习来促进学生的身心协调发展。

2. 社会交往性

体育教学是教师和学生的双向学习的过程，在教师的指导和帮助下，在客观上，学生要进行多种形式的身体锻炼和运动。在其他学科中，主要以师生关系为主，而在体育活动中，学生与人的关系却是相对的。因此，体育教学中的人际关系被称为"班级的社会"，也就是社会的浓缩，体育教学中的人际关系与交往是社会性与生活性的结合，它可以分为教师与学生、学生与学生、学生与集体等方面的交往，在这种交往的基础上，体育教学才得以展开。

3. 过程动态性

体育活动的发展是由教育目标的起点到教学评估的结束，是体育活动的动态机制。在体育教学中，它具有两种动态的特点：一是构成体育教学的各要素相互联系、相互影响，不是按一定的时间顺序、固定的教学阶段构成的；第二，体育课程的教学内容以选择性的体能训练为主，而教学活动则是以锻炼为主，促进学生的身心发展。因此，要从动态发展的角度对体育教学中遇到的问题进行分析，并加以解决。

二、体育教学过程的构成

（一）体育教学过程的基本阶段

体育教学全过程是一种动态的、有其发展阶段的动态体系，每一阶段都有其自身的发展规律，只有了解构成整个体育教学过程的各阶段，才能对其进行更深入的理解，从而达到最优的效果。整个教学过程可划分为教学准备、实施、检验和评估三大阶段。

1. 教学预备期，是指体育教师与学生在教学过程中，为教学做好准备，为客观环境做好准备。如教师备课，学生上课前准备（包括心理准备、服装准备）、场地器材等。这个阶段是教师教的开始，也是学生学习的开始。这是影响教学质量的先决条件。

从教学的具体表现来看，教师教学的准备过程是：对教学目标的认识、对教材的内容、对学生的状况、对教学任务的设计、教学方法的选择、教学计划的确定、教学目标的确定。这一过程不仅是一项教学工作的前期准备，更是一项教学工作的心理准备。其一，在实施体育教学计划时，要对整个体育课程确定明确的教学目标。教学目标一经确立，便会以概念的方式存在于教师的脑海中，成为教学活动的最终目的。因此，在体育教学中，教师应该从一开始就做好充分的思想准备。其二，在教学计划中，要对整个教学过程进行预设，因此，在教学中运用何种手段、怎样组织、调整学生的学习行为，教师要对此有所了解，并做好充分的准备。显然，这一阶段对于教师的教学活动，既有心理导向，也有精神动力。

2. 在体育教学活动中，教师教育活动的开展将直接影响到体育活动的整体效果。在此阶段，教师对教材内容进行系统的提示和讲解，以满足学生的学习需求；在教师的引导下，学生对教师所讲的内容进行全面的感知和理解，这是教师所教的活动和学生所学的活动交互作用的时期，也是新的体育知识和学生的固有认识结构之间的内在联系。

从表面上来看，这个阶段仅仅是师生之间的互动，而真正的体育教学过程中的各个环节都会对这个阶段起到一定的约束作用。体育教学的目标、内容、方法、组织、条件等五大要素，对教学的效果与质量有直接的影响。可见，这一时期是一个由诸多因素共同作用的复杂过程。

3. 检查和评估是体育教学的最终环节，它不仅可以总结和分析上一步的教学质量，而且可以为下一步的教学设计提供科学的基础。修改教学目的与方案，并从头开始新的课程。

"检查"和"评估"既是宏观单元、学期、整个阶段的基础，也是微观的课堂教学的重要一环，是体育教学的重要组成部分。

（二）体育教学过程的基本因素

科学地分析和认识体育教学过程中的各种因素，对于发展体育教学理论和指导体育教学实践都有着重大的现实意义。

教学是一个多层次、多要素、多序列的、多而动态的、多环节的发展历程。从系统论角度看，一切都是有系统的。体育教学过程是由多个因素相互作用而形成的。教师、学生、教材、教学方法四大要素。教师、学生、内容、传播媒介（物质条件和方法手段）是影响体育教学过程的重要因素。《学校体育学》是我国高校体育教学的重要组成部分，它包括教学目标、教学内容、教学人际关系、教学组织、教学方法、教学媒体等。

从体育教学过程的特征出发，提出了对体育教学过程要素的确定，既要以"构成事物的性质"为前提，又要以"相对独立"为依据。体育教学过程因素是多项性的，其特点是：主体性、条件性、过程性三个方面。

1. 体育教学活动的主体性因素

教师和学生是教学活动的主要参与者。因此，在体育教学中，师生双方都扮演着重要角色。"教师"是指教师对教学方向、教学进度、教学内容的把握，以自己的言行、知识、运动技术教育并对其产生一定的影响。作为被教育对象，学习目的、学习态度、学习动机、学习积极性、体育基础等都将对学习的结果产生直接影响，并对体育教学的质量产生重要的作用。

师生是一种既互相依赖，又相互独立的教育要素。在体育教学中，教师和学生的主动性体现在："教师是教学的主体，而学生是学习的主体"，二者对于体育教学都有着相同的影响。师生关系紧密，体现为在教学全过程中，教师起着主导性的角色，而在课堂上，同学们要积极地调动自己的主体性，使自己的主体性得到充分的体现。在整个体育活动中，教师的领导力和学生的积极性都是以各种方式存在的。

2. 体育教学活动的条件性因素

体育教学活动的条件，是由物质、心理两个方面的因素组成的。教学的物质条件是一种有形环境，它包括完善体育教学环境，现代化教学技术条件，体育器材设施的合理配置；教学的心理状况是一种不可见的教学情境，其内容主要有：师生、学生的交往、体育课堂的教学状态和氛围。教学环境的两个要素，是开展体育教学活动的必要条件。体育教学的物质条件对于体育教学的重要性是不可缺少的，而物质条件的改变常常会影响到体育教学的进程，比如：体育器材的多少，直接影响着体育教学的负担，影响着学生掌握教材的难度，影响着体育教学的组织方式，因此，物质条件对于体育教学的重要性是非常明显的。在体育教学中，教师与学生之间的交往融洽的课堂氛围等都是促进学生进行体育教学活动的积极因素。

3. 体育教学活动的过程性因素

（1）体育课程的教学目的。从宏观上讲，体育教学的目的是要提高学生的身体素质，使其达到全面、协调的发展，从而使其成为一种高素质的社会人才。从微观上讲，就是要把体育教学作为一个单元或一节课来实现，这就是教师进行体育教学的出发点。不同层次、不同性质的体育教学目标在体育教学中形成了一个整体的教学目标。

（2）在体育课程中的应用。体育教学的内容要素主要包括课程计划、课程大纲和教材等。体育教学内容是影响体育教学目标的重要因素，是体育健康教育的重要组成部分。在现代体育中，传统的体育内容要素的形式发生了巨大的改变，课程内容的时代性、课程设计的综合性、竞技运动的教材化，为现代体育的教学活动注入了新的生机，也使体育教学内容的研究更加复杂化。

（3）教育的方式。在体育教学中，教师要通过一系列的教学方法和手段来达到特定的教学目标。本节所述的教学方法有：教师在体育教学中所采用的各种特定的教学方法，教师的教学艺术，以及各种教学技术的应用。在体育教学的实践中，教学方法、手段的选用与使用，要受教学内容、教学条件、学生身心发展的特征、教师的特点等诸多因素的影响。体育教学是一种动态发展的过程，它的教学方法和手段并不是一成不变的。体育教育的实践是一个不断创新、充实、发展的过程。

（4）教学的组织方式。体育教学是一种特殊的运动，它的组织方式是非常复杂的，对整个体育教学的进行和执行起着至关重要的作用。在教学的具体目标、教学方法的选用和应用上，存在着很大的差别。在体育教学活动中，各类教学组织方式的作用各不相同，应根据具体情况，进行适当的协调。

在体育教学活动中，各种要素并不是相互独立的，而是相互联系、相互制约的。高校体育教学目标的确立既受到社会发展的限制，又受到学生身体和心理发展的特征和规律的限制。体育教学目标的形成，对整个体育教学过程都有约束作用，也就是以实现体育教学目的为中心。体育教学的目的和内容，决定着体育教学的教学方法、手段和组织形式的选择和应用。而体育教学中的教学方法、手段和组织形式则是为了实现体育教学的目的而进行的。

三、体育教学过程中师生活动因素分析

在体育教学过程中，体育教师和学生是最积极、最活跃的成分，了解和把握师生之间的矛盾运动，有助于我们更好地理解体育教学的过程，从而促进体育教学的质量。在体育教学中，教师与学生的互动关系主要包括：

（一）认知因素

认知因素包括感知、记忆、思维、分析判断等。体育教学过程中师生之间信息的传递都是以认知因素为基础的。例如，在一节体育课教学中，首先应该引起学生的注意，然后利用各种感觉器官感知教材，再通过学生的思维、通过分析达到对教科书的理解。在体育教学中，运用的认知因子越多，其学习成效越佳，智力活动越显著，教学品质越佳。同时，高质量的体育教学，又能促进师生认知因素的发展。

（二）非认知因素

非认知因素包括动机、兴趣、情绪、意志、能力、性格、人际关系等。在体育教学过程中，非认知因素是影响学生认识的重要因素。比如：有些同学对体育课有明显的学习动力，并且很感兴趣，在上体育课时，他会很认真地听，很积极地练习，就算做不到也不会泄气。因此，在调动师生积极性、主动性、创造力、潜能、自觉性、自信心、和谐人际关系、发展人格等方面，都具有积极的意义。在体育教学过程中，要充分利用非认知因素和师生的关系。

（三）生理生化因素

在体育教学过程中，教师组织教学、做示范动作，学生做练习，师生机体内部都发生着一系列生理、生化的变化，各种生理、生化因素对身体的活动产生着影响，例如，心率、血压、肺活量、血糖、血乳酸、能量等，这种生理、生化因素的合理改变，能保证在体育教学中的正常活动，有益于身心健康。一旦这些生理、生化因素超出正常范围，就会损害身体健康，对教学产生不利的影响。在体育教学过程中，应加强教育学监督和医学监督，保证各种生理、生化因素在正常值的范围，促进学生身心健康发展。

（四）信息传导因素

根据信息论、系统论、控制论等相关的原理，指出了在体育教育中，师生是一个持续传递、接收、加工的开放性体系。这些知识的传递要透过各种要素，包括语言、示范、提问、评价、测验、竞赛等，这些都是传递信息的重要因素。师生之间只有保证信息及时传递，才能保证体育教学成为有序的可控的过程。应注意，师生之间的信息传递既是同步的又是双向的。

在体育教学过程中，这四种因素从教学的准备阶段到检查评价阶段同时存在，使得体育教学过程不但具有划分几个互相紧密衔接的发展阶段的平面结构，而且具有各种不同因素在不同阶段相互交叉同时发挥作用的立体结构性质。这种结构的特点在体育教学过程是链条状的，一环接着一环，并具有阶段性的过程，同时又体现出体育教学过程是由多种因素交织在一起同时发挥作用，且具有立体结构的一种复杂过程。

体育课程的教学过程和基础要素的分析，对于我们进行体育教学的理论和教学改革，从两个方面进行了探讨：一是通过对影响因素的分析，使各要素的质量得到改善，达到提高体育教学效果的目的；二是从分析体育课程的教学过程入手，改进和调整体育课程的结构，从而使整个体育教学的质量得到更大的提高。建立一种有效的教学流程结构，不仅有助于体育教学理论的发展，而且对于体育教学的实际应用也有很大的指导作用。

第二章 现代体育教学思想

第一节 "寓德于体"教育思想

一、"德"在高校体育教学中的意义分析

增强学生体质，培养学生良好的心理素质，是高校体育教学的根本目标和出发点。学校的体育课程是学生身心共同参与的活动。在学校体育教学中，学生通过参加体育活动、相互协作等方式获取知识和技能，客观上有利于教师对学生进行品德教育。然而，现实却并非如此，在许多大学里，绝大多数的体育教师都是把注意力集中在课堂上，而忽略了对体育的道德教育，甚至把道德作为一项工作来完成。道德教育，即教育人的思想品质和生活品质。它的使命是：增强学生的思想意识，培养学生高尚健康的人格，丰富学生的情感世界，培养学生积极、乐观的生活态度。

叶圣陶先生曾经说："教育是什么，简而言之，就是要培养好的习惯、道德，就是要培养良好的行为习惯。"体育教学过程主要是一个让学生身体素质得到全面发展的过程。在体育教学的过程中，教师向学生传递知识、答疑解惑，提高其身体的力量、速度、耐力、柔韧、灵敏等素质。与常规的文化课教学不同，体育教学以体育锻炼实践为主，更侧重身体素质的培养。当今社会，由于亚健康人群的增多，身体健康日益成为人们关注的焦点，体育健身锻炼逐渐成为人们生活中不可或缺的部分。体育教育的地位也因此变得越来越重要。随着体育教学的不断扩展，人们对其道德价值的发掘也越来越多。德育，主要是指对学生思想素质和道德层面的教育。德育的过程实际上是一个善恶辨别和道德价值观树立的过程。德育的最终目的是要帮助学生树立正确的道德价值观，对是非荣辱形成正确的评价标准，最后内化为自身的内在品格，保持并发扬于有形的生活之中。德育是教育教学的重中之重，它同样也应该贯穿体育教学的始终。因此，现代高校体育教学也成了德育教育的重要载体和桥梁。

纵观体育教学，"德"在其中主要具有以下五点意义：

（一）培养学生的坚强意志

与竞技类体育教学不同，高校体育教学对学生的技战术没有那么高的标准和严格要

求。但是，现代体育教学已经不完全等同于技战术和身体素质教育了，它还需要培养学生的优良品质和良好的意志力来共同达成当今社会所提出的全新的体育教学目标。例如，跳马、双杠需要学生的勇气、自信和自我挑战，长跑运动需要学生的耐力和坚持不懈，足球、篮球等需要学生长期的摸索和学习，等等。基于此，体育教师应以体育课程标准为基本着眼点，适时创新教学内容，对每一个学生进行个性化的特殊处理。通过一系列的运动实践，使学生具有坚韧不拔、勇于拼搏、勇于进取的精神品质，并将其融入未来的工作和生活之中。

（二）培养学生的竞争意识

现代社会是一个高效率、快节奏的社会，因此，人们若想在社会中脱颖而出，必须时刻保持最佳的竞争状态。现代社会要求人们必须具备敢于拼搏、敢于竞争的精神。体育教学为竞争素质提供了很大的发展空间。竞争意识，简而言之，就是对外界活动持有积极应对的心理反应。人们在竞争意识的引导下进行一系列竞争行动。作为体育运动项目突出特点的竞争因子在体育竞赛中可表现得淋漓尽致。体育教学过程中所组织的一系列体育竞赛和活动，可以激发学生身上的竞争因子，调动学生的竞争细胞，激发学生的最大潜能，让学生在体育竞争中内化竞争意识，树立顽强拼搏的竞争精神。从此种层面上来说，体育教学的德育功能主要体现在激活学生的内在竞争意识，培养学生勇于拼搏、敢于拼搏的竞争意识，在竞争中树立良好的道德行为规范。

（三）培养学生的团队合作意识

虽然当今社会充满竞争，但是仍然掩盖不了合作是主旋律的事实。任何一个个体力量所创造的效益与合作产生的群体效益是无法匹敌的。合作意识是个体对共同行动及其行为规则所赋予的情感与认知。合作意识是合作行为的方向标，引领着合作行为的产生与发展。合作意识也体现在体育运动项目之中。如：篮球、排球、足球、接力、拔河等集体类运动项目的开展，单靠一己之力根本无法完成，若想很好地完成上述这些活动，除了要掌握这些运动项目特有的技战术外，还要有团队精神。团队成员的相互协作，使个体的价值得以充分发挥，从而实现自身的价值，赢得竞赛的冠军。因此，运动教育不仅为大学生搭建了一个交流的舞台，也为构建和谐的人际交往发挥了重要的作用。学生与学生之间关系密切了，交流频繁了，无形之中营造出相互帮助、相互关心、团结合作的融洽氛围。学生们在感受到集体温暖之余，也逐渐养成团结协作的精神，树立起集体主义的观念。这也为他们以后的生活打下了良好的基础。

（四）培养学生的自我约束能力

自我约束能力，简单来说，就是一个人可以掌控自己的行为。学校体育教学是一种以室外活动为主的动态群体行为。教学管理，相对于常规学科来说，较为困难，这就需要有一定的行为规范来保证体育教学活动的顺利开展。以运动竞赛项目为例，像"三大球""三小球"、田径和各种集体类体育运动竞赛项目，必须遵循该项目特定的规则，用切身行动去维护它、捍卫它。规则无论对他人还是对自身都是公平的。它像一把标尺，衡量和监督每一位参赛者，让他们时刻保持清醒的头脑，用明确的规则来约束自己的运动行为。所以，长此以往，学生就可自然而然地形成良好的组织纪律观，提高自我约束能力。

（五）调节学生的身心健康

随着社会和经济的发展，人们生活压力和工作压力越来越大，"富贵病"也随之出现。研究表明，体育活动有助于缓解压力，使人心情愉快，并能满足某种心理需要。所以，在体育教学中，应该注重学生生理和心理的双发展。我们不仅要让学生们在科学合理的运动负荷下，实现身体素质的全面提升，还要让学生在日常的体育教学训练之余，得到精神上的放松。学生在体育课堂上收获的不仅仅是健康的身体，还应该饱含愉悦的心情，这才是体育教学的真正价值所在。

二、不同时期"寓德于体"教育思想的研究分析

（一）国外不同时期的"寓德于体"思想研究

1. 古埃及和古希腊时期

在古埃及，人们很注重子女的教育问题，古埃及人在关心子女身体是否健康之余，还很关注对子女智力和德育的培养。当子女还处于婴儿期，古埃及的父母们就让他们的子女赤裸着身体尽情地拥抱大自然，让孩子们在户外运动的过程中尽情享受充足的阳光和新鲜的空气；当子女成长为儿童、少年时，古埃及的父母们会适时开展一些适合他们年龄特征、个性特征的游戏；当子女成长为青年时，古埃及的父母们会让他们尝试一些激烈的球类游戏和剧烈的户外运动，充分满足孩子们的身心需求。孩子们通过这些体育运动项目的锻炼，逐渐养成了遵守纪律、团结友爱、协作共赢的良好品格。体育运动的开展不仅有利于人们"体"的发展，也有利于人们"德""智""美"的综合发展。

古希腊人眼中的美德不单单指心灵美，它更关乎人们的道德和心理。古希腊人认为，只有道德、心理、身体均健康发展才可以称之为美德。所以，他们倡导"智慧的人"与"行动的人"相统一的教育理想。古希腊人训练身体素质，不单单是出于自身力量素质和军事的考虑，他们注重的是身体训练，培养坚强、勇敢、礼貌、果断、智慧等良好品质。苏格拉底曾经说："体育和音乐一样，我们应当让他们在很早的时候就学会运动，并且在他们的生命中都要仔细地锻炼。我不觉得不好的身体对精神有益，恰恰相反，好的精神可

以让你的身体变得更强壮。"另外,希腊的几位哲学家也从不同的角度对运动和伦理的联系做了详细的探讨。但万变不离其宗,其主要论点依然是体育有着不可比拟的道德教育价值。

在体育之于品格的价值研究上,古埃及人和古希腊人是明智的,他们很早就看到体育游戏和体育比赛的深层隐性价值。选取适合各个年龄阶段的体育游戏和体育比赛,不单单可以帮助锻炼者强身健体,更能在强身健体的同时丰富业余生活,提升他们的道德水平。古埃及人和古希腊人主张人的全面发展。全面发展不只包含身体强壮,还包含心理健全和道德完善。通过体育锻炼这一载体,让人发展成为健全的人,是他们更希望看到的结果。"寓德于体"的教育思想在古埃及人和古希腊人身上体现得淋漓尽致,值得我们学习与反思。

2. 文艺复兴和启蒙运动时期

英国的知名教育者约翰·洛克相信,所有的体育都是以教育为主。他把德育分为三个方面:德育、体育、智育。但是,三者中的重中之重,他认为是体育。因为在他的观念里,培养出健康的人才是教育的最核心任务,而体育是能够实现这一任务的首要之选。继而,他在这一套教育理论的基础之上,又研究出了一套适应该时期社会发展的"绅士评比准则"。在"绅士评比准则"的第一条里,他要求绅士必须具备平衡发展的身心。

谈起启蒙运动,我们不得不谈到卢梭。"身心统一论"是他的基本理念。在他的思想世界里,人的身体和心理是不可割裂的,二者成比例地良好发展,只有这样,他才能适应社会,适应大自然。他相信,"教育的最大秘密就是让身心活动相互协调。"卢梭把注意力集中在体验上,他倡导积极参与体育运动和比赛。他认为,运动和比赛可以帮助人们平衡竞争与合作,在体育运动和比赛过程中锻炼身体,净化心灵。此外,他还倡导广泛修建体育设施,推广体育竞技项目和游戏环节。他还提出进行体育锻炼的关键时期应该是在童年。因为该时期的孩子自我意识刚刚形成,理智还不成熟,可塑性极大。他主张在该时期通过体育锻炼来塑造儿童的自我意识和理智情感。

约翰·亨里希·裴斯泰洛齐是瑞士一位杰出的民主教育家。他认为,体育教育对身体素质的价值是无可厚非、有目共睹的,然而,体育教育对道德教育的价值也是旗鼓相当、不容小觑的。经过适宜的体育训练,儿童的身体和心理都可以获得健康长足的发展,这无形之中促进了道德教育目标的达成。除此之外,长期坚持不懈地体育锻炼,也必将会对锻炼者的意志品格产生重要的影响。不怕吃苦、敢于拼搏、勇于挑战、团结友爱、互助协作等都是体育锻炼衍生出来的无形的道德价值。由此可知,裴斯泰洛齐主张体育教育之初,应遵循客观规律,安排儿童进行科学合理的运动,在儿童可承受的能力范围内进行体育锻炼,提高身体素质,培养道德品格是正确的。并指出手工劳动、竞技、体操和游戏都意义重大。综上所述,众多教育家和思想家都主张人的身心要和谐发展。他们认为,身体和心灵是紧密关联的,应该抓住塑造良好品格的黄金时期——童年时期,安排一些合理的、适宜的体育运动锻炼,让孩子们在游戏、竞技比赛活动之中,养成不怕吃苦、自立坚强、团结合作、勇于竞争、挑战自我等优良道德品格。这即是"寓德于体"。

3. 近现代时期

近代时期的德国，体育被视为保持身体健康的一种手段，体育教育未受到人们的重视。当时德国的体育课程是以养生为主的，主要从卫生角度出发，研究一些与之相关的饮食、锻炼、着装、日光、空气等问题。被称为近代学校体育之父的德国体育教育家约翰·克里斯托夫·弗里德里希·古兹姆茨则认为，保养不足以成为体育运动锻炼的所有重心，体育运动锻炼应该侧重于帮助学生强筋健骨、提升技能、塑造品格。由此可知，一系列的体育游戏活动必然会对其道德品质和智力产生一定的影响。体育锻炼过程中逐渐养成的公平正义、忠诚苦干、顽强拼搏、自我约束、团结友爱的品质就是最好的证明。

英国体育思想家托马斯·阿诺德在 19 世纪 20 年代后期非常注重体育的教育功能，提倡在学校里广泛地进行竞赛游戏，培养学生坚韧、果断、正直的思想品质，使学生的综合素质得到提高。《汤姆·布朗的学校生活》是 19 世纪 50 年代问世的一部长篇小说。该小说主要描绘了英国拉格比公学的生活，小说所折射出来的对竞技和体能的关注远比现实生活中多得多。这使得当时的人们，尤其是广大的教育家、思想家、神职人员和普通大众深受启迪，体育教育思想理念也随之发生了重大变革，竞争精神深入人心。赫伯特·斯宾塞紧随其后出版了《教育论》一书。书中的主要观点是，注重游戏的自然性，反对一切赋予游戏鲜明的人为色彩。他主张体育教育过程中要记得遵循客观规律，要用科学的思想统领体育锻炼的全过程。他推崇以人的自然本性为核心内容的游戏环节，因为他认为只有让学生充分发挥本性，才有利于兴趣持久地激发和保持。他重视体育锻炼过程中人是否释放了最大的自主能动性。他曾说过："自主能动性是人的品质中一个最有价值的因素。"此外，他口中所说的自主能动性还包含有一定的独立性，他所希望的自主能动性是在独立性的基础之上产生和发展的。他认为，人的独立性可以使人获得自信，获得坚强不屈和肯吃苦的优良品格。

爱默生发展了他的人类自我完善和自立哲学的思想理念，这种思想在健身运动和竞技之中都有着重要的指导意义。他认为强健的体魄是完成伟大使命的敲门砖、奠基石，体能是人类勇气和道德力量的源泉。因此，健康才是人这一辈子最大的财富。他认为，离开游戏活动，单独谈一些空理论的教育是不完整的。尤其是对儿童而言，只有赋予游戏活动的游戏理论才会在他们身上生效，这些游戏本身才是最终的幕后的真正教育者。

这一时期"寓德于体"的教育理念，在很大程度上体现了对体育教学的道德教育。许多运动家、教育者都非常注重人的独立性和自主性，他们普遍认为体能是人类勇气和道德力量的源泉与奠基石。他们主张依靠纯天然的游戏和竞技来强壮人们的筋骨与体魄，激发情感，培养道德品格，最终塑造人的性格、磨炼人的心智。深入进行体育锻炼可以帮助人养成忠诚正义、果断勇敢、自我约束、自主自立等优良品格。

（二）我国不同时期的"寓德于体"思想研究

1. 先秦时期

孔子是一位思想家、教育家和哲学家，他说过："不能失去自己的东西，是长久的；能活下来的人，就是长寿的。"这句话的意思是人若想肉体活得长久就不能离开生命的根基，但若想获得真正意义上的长寿还是要保持精神上的人格。因此，要想获得真正意义上的长寿，光靠鲜活的肉体来维持是远远不够的，还必须不断完善自己的品格，让精神之光常亮。养生，顾名思义，就是指身体的保养。但是究其实质，养生需要保养的不仅仅是单纯的肉体，还应包括精神人格。整个养生系统应该始终包含肉体和精神，二者缺一不可。

孔子是儒家学派的代表人物，也是伟大的教育家、思想家。他在传承西周官学中"六艺"的基础之上，发展了独特的"礼、乐、射、御、书、数"等教学内容。这一教学内容反映了孔子的教育思想。他主张培养德、智、体全面发展的人。孔子的道德标准是"礼"，政治思想是"仁"，对于体育思想而言，他倡导遵"礼"。他所期冀的教育目标是发展文武双全、道德高尚的仁义之人。孔子尚文，但文必须"之以礼"；孔子尚勇，他认为："仁得不忧，知者不惑，勇者不惧。"但是，他还告诫世界，要有勇气而不懂礼貌。他认为，不管"武"有多"勇"，都要遵从"礼"这个词。故孔子有云："有文事者必有武备，有武事者必有文备。"这里所提到的"武"是军事的意思，但由于古代体育大部分以军事为主，故"武"在这里可以狭义地理解为当今体育的源头了。对于"礼"而言，孔子讲求将其应用于实践，空谈"礼"绝不是他的本意。孔子善射。在行射的过程中，他对周围的旁观者和身在其中的参与者都有严格的礼仪要求。凡是道德礼仪低下者，均不允许参与其中。行射的最终目的是从行射中学习礼数。由此可知，孔子注重身心合一的教育方式，倡导体育强身健骨之余，更加看重体育之于人的道德的影响。

墨子是墨家学说的代表人物，他主张"厚乎德行，辩乎言谈，博乎道术"。他认为，"德"为"力行"提出了标准，指明了方向。他对学生进行德行教育，首先要求学生能够吃苦耐劳，坚毅不屈，敢于挑战。他也主张通过"行射""习御"等体育途径来强健人的筋骨、内化人的品格。

这一时期"寓德于体"教育思想可以归纳为：肯定了体育对身心健康的价值，但是，这两方个面相比较而言，更突出体育的健心价值，尤其是其德育价值。古代重视"行射""习御"，但是出发点绝不仅仅是为了强健身体，更多的是通过体育这一媒介，对人的心性进行磨炼，使人形成良好的品格和德行。

2. 唐宋、明清时期

在唐代，以木射为代表的体育活动盛行：用木削成笋形，以球代箭，用球击射木笋。木射场地上一端设立 15 根笋形平底木柱，其中有 5 根木柱分别用墨笔写上"傲、慢、齐、贪、滥"，10根木柱分别用朱笔写上"仁、义、礼、智、信、温、良、恭、俭、让"。参加比赛的人员纷纷在木柱的对面用木球往木柱方向抛撒，击中有朱笔写字的木柱即获得胜利；反之，则视为失败。通过这种带有朱笔和墨笔字迹的木柱，我们可以看出古人对哪些道德信仰持肯定态度，对哪些道德信仰持否定态度，进而帮助参加体育运动的人们形成正确的道德评判准绳。儒家"仁爱"思想在古代体育运动中也得到了很好的体现。在体育运动过程中，侧重点由取胜转移到了道德层面的比较，倡导"君子之争"，体育的礼仪性、娱乐性、伦理性在该时期体现得淋漓尽致。

明末清初杰出的教育家、思想家颜元，倡导施行文武双全、全面发展、综合素质高的学生教育。他认为，体育的价值不仅在于强壮筋骨，还有很多内化的智育和德育价值。因此，他招收学生时就明确提出"礼、乐、射、御、书、数、兵"都将作为学习的重点课程，而其中"射""御""兵"是基础中的基础。颜元认为身体锻炼过程中，人们的道德修养和智慧成果必然有所增加。如若每日加以练习，假以时日，身心必将得到双向和谐发展。颜元倡导身心一致，主张德育、智育、体育同时发展，只有这样才能培养出社会发展所需的栋梁。颜元的体育德育论、体育智育论都是一种崭新的尝试，为后期体育的多功能发展奠定了坚实的基础。这一时期"寓德于体"教育思想主要可以概括为：儒家思想中，体育运动蕴含着忠诚仁义、谦虚宽厚、包容礼让等"仁爱"思想。教育思想家颜元透过体育的健体价值表象，挖掘出体育更深层次的智育和德育价值，他倡导促进学生德、智、体全面发展的教育。

3. 近现代时期

近代著名教育家蔡元培肯定了体育的首要地位，他说"完全人格，首在体育"。关于体育和德育的辩证关系，他坚持体育是基础，体育是根本，而道德教育是体育教育的衍生品。空谈道德的体育，会让人嗤之以鼻；只讲体育的道德，就会使人的精神失去归宿。

中国奥运先驱张伯苓认为，体育学科在学校教育中是一门基础学科，除了强健体魄外，还能培养公民的道德意识。张伯苓注重体育运动过程对人的道德素质的建构。"德体并进""体与育并重"是他的主要观点。著名大学校长梅贻琦认为体育是实现高尚人格的最佳途径。他认为，在体育锻炼过程中，可以使人和人之间变得亲近，团队荣誉感增强，竞争与合作共存。因此，他总结道：竞赛是为了练习团队的合作守法的习惯，而体育旨在促进团队道德的养成。著名体育家马约翰在体育的价值问题研究上又有所突破。在他看来，体育不仅有健身、道德修养的价值，更重要的是锻炼人的人格。在体育的世界中，人们的勇敢、坚韧、拼搏等性格特质得到了充分的发挥。他曾经说过："体育的最大效能，就是培养个性，弥补教育上的缺憾，让学生学会负责任，懂得照顾他人。"这一思想在其著作《体育的迁移价值》中得到了明确的反映："体育是培养学生人格的绝佳场所和最佳手段，体育能使人高尚、使人陶冶、使人精神振奋。"

这一时期"寓德于体"教育思想可以大致归纳为：肯定了体育的基础地位，与此同时也提出了"德体并进"思想。体育的价值从健身层面拓展到了培养道德、塑造人格等精神层面。体育的团结协作、竞争突破精神可以向爱国强国精神靠拢，为祖国的建设提供综合性人才。

第二节 "寓智于体" 教育思想

一、"启智促健" 是高校体育教学的必然选择

当今社会，素质教育成为教育的主旋律，然而体育教育作为教育的一个重要分支，除关注学生的身心健康外，还应把视野放宽，应积极关注智慧技能的提升。"启智促健"在体育教学中的运用，对于活跃学生思维，提高学生综合素质，具有十分重要的作用。基于上述因素，"启智促健"也是高校体育教学改革的大势所趋。

（一）体育教学过程中"启智"的必要性

"启智"，就像它的名字一样，它能激发人的智慧，让人变得聪明。这也是每一门课程中，传授知识最根本的目标。研究显示，尽管定期进行体育锻炼能够激发学生的智慧，但这并不意味着仅仅是参与体育活动，智力就会随之增长。当然，智力和运动之间存在着某种关联。但是，两者之间也存在一定的矛盾。因此，找到智力和运动这两者的平衡点，才能找到解决问题的突破口，这也是我们研究的重要课题之一。体育教育找到了智力与运动之间的最佳平衡点，能够帮助学生成长为德、智、体全面发展的综合型人才。如果单纯依靠体育运动，虽可达到强身健体之功效，也能在一定程度上促进智力的发展，但是智力的发展和体力的发展绝不会是同步的。因为体育运动首先能确保的是让大脑这个物质器官获得良好发育，继而为大脑智力的发展提供沃土，至于将来智力如何发展则需要时间去印证。而体育教育可以弥补体育运动之不足，它好比是体育运动的营养剂和催化剂，在体育运动过程中影响学生智力的发育，最终帮助学生获得德、智、体全面发展。

在体育教学过程中运用"启智"是十分必要的。如果在体育教学中一味注重技能练习，忽视对学生智力的开发，那么将会使学生不能全面认知和掌握所学运动技术的规律，进而对其智力的发展和智慧技能的习得产生阻碍。体育教学必须通过外在的、具体的体育锻炼，将学生内在的智慧激发出来。体育教师要善于指导学生学习运用多种学习策略来提高自己的体育学习效率。

（二）启发学生智力，习得智慧技能的方法

1. 启发学生元认知参与体育教学

我国宋代教育家朱熹倡导教师应该教会学生学习的方法，而不仅是学习内容，教师只

要负责为学生引领方向，其余的就要靠学生自己了。我国当代教育家叶圣陶主张"教是为了不教"。他也建议让学生学会学习，而不是一味地、无休止地教导学生。由此可知，"教会学生学习"已成为人们普遍认可的教育真理，也充分体现了学生的主体地位和教师的主导地位，符合当今教学改革的理念。"授之以渔"对教师的教学提出了新要求，它要求教师要启发学生，让其运用元认知能力来学会体育学习。

元认知能力是调节和监督认知能力的一种，它对于提高学生的学习具有重大的指导作用。元认知的进程，实际上是一个对任务知识认知、对个体知识认知和对策略知识认知的过程。以体育教学为例，让学生在上体育课之前就对自己所要达到的体育目标、体育过程中将会遭遇的制约因素和学习该体育知识需要调动哪些思维和记忆等有所了解的话，那么学生进行体育知识学习的效率将会大大提高。在体育教学中，元认知经验是一种非常重要的经验，它能促使学生在学习过程中不断地调整自己的学习策略，从而选择出最好的学习策略。学生在不断地观察中，不断地检验自己的动作是否是对的、合理的，并在失败中不断地进行修正，直至完全掌握。元认知体验能有效地激发学生的认知能力，并使其发挥自身的认知能力。在教学过程中，教师要引导学生掌握恰当的元认知知识，使他们在学习过程中体会到自我调控和自我监督带来的愉悦，激发他们的自主思维。在教学过程中，要充分调动学生的积极性，培养他们的想象力和创造力，使他们摆脱"接受"式的学习桎梏，学会发现和发展自己的独特的学习理论和方法，使他们能够把握住自己的学习规律，从而真正地成为学习的主宰。同时，还要对学习方法、学习策略进行指导，不断调整和控制学习活动，使其成为学习的真正主人。

2. 启发学生进行新知识的建构

和动物不一样，人类的大脑能够处理和整理已经掌握的知识和方法，形成一套新的知识和方法，广泛应用到未来的学习生活之中。体育活动具有多变性，这就对学生知识的建构提出了新要求。因此，学生要学会根据不同的变化，改变自己的认知策略，对大脑中已成型的知识进行重新建构，以适应新的认知要求；掌握新的体育知识和技能，在比赛中取得良好的表现或训练成果。当然，一些构建的内容可以进行预测或者排练，但是对比赛中的任何一个细节任何人都是无法预料的。这就要求参加者调动身上的每一个认知细胞，找到适合当下比赛的技战术方法，在比赛过程中创造属于自己的一个又一个奇迹。有学者认为，从外部进入知觉的因素为智力的成长提供了很大的空间，学生对各种新技术的不断掌控需要在教师的引导下，对大脑中已经积攒下的体育技能重新组建，利用重新组建的新结果来尝试解决面临的新问题。因此，教师的引导和帮助显得尤为重要，它能帮助学生习得智慧技能和发展智力，以便学生在未来不断独自应对新问题。

体育教师要教会学生拓宽思维，建构知识，首先应该从全面了解学生做起，在全面了解学生、掌握其智力的发展规律之后，还要钻研教材，寻找适合学生的教学方式，以提高学生的主动性和主动性。体育教师要打破传统的思维模式，摒弃惰性，在传授学生常规技术动作的基础上，创造新的动作组合，以适应学生的不同兴趣需求。只有充分调动学生的学习积极性，才能使他们能够主动学习、主动探索、主动创新。

3. 启发学生进行知识的迁移

知识的迁移是未来学习过程中一种不可或缺的学习手段，它可以将人们大脑中已有的知识应用到类似的事情之中，借以解决新面临的极其类似的问题。这种特征也是人类所特有的。知识的迁移教会学生用一种学习方法去解决后面遇到的诸多相似的问题。学习就是用新掌握的知识不断地去替代原有知识的过程，但是这种替代不是简单的、毫无连接的替代，而是有着某种特殊关联的替代。在这种替代作用下，形成知识的迁移。通过知识的迁移，学生能够举一反三，闻一知十。当然，迁移也有正负之分。正迁移，顾名思义，即是大脑中已有知识对后面技能习得有着积极影响的迁移。我们在教学过程中要多多鼓励学生进行正迁移，这也将对学生提高学习效率产生积极的影响。在日常体育教学过程中，技能迁移成为我们关注的焦点，而对横向学科联系与技术原理方面的迁移的关注则少之又少。从学生角度出发，一味地学习动作根本无法吸引他们的注意力，在不感兴趣的前提下进行某些技能知识迁移，更是难上加难。以体育教学为例，教师在教授体育运动技能的同时，也可以引导学生将体育学、生物学、物理学、卫生学等进行关联思考，将众学科紧密地联系起来，使其逐渐建构一个全方位的、立体的完整知识体系。最后学生运用新获得的知识体系再理解体育的技术动作结构和意义，将会收获颇丰。在这样来回地摸索过程中，学生会慢慢体会到教师让他们完成这些动作背后的真正意义。学生在深刻地理解体育运动技能规律的来龙去脉之后，在遇到新的困难时，他们解决起来也将更加轻松。像这种知识的迁移，则属正迁移范畴。其间，教师的正确引导是至关重要的。在学生迷惑的时候，教师应对学生进行耐心引导，启迪他们往正确的关联方向思考，最终促成正迁移的产生，让学生在不断的正迁移过程中，摸索出体育学习的真谛，将体育学科规律学习延伸到未来的各个学科和领域之中，成为一个会利用已学知识举一反三的真正会学习的人才。

今天的体育课程标准，早已脱离了安排具体教学内容的低级阶段，给学生和教师提供了更大的学习与教学空间，赋予了更多的创新性。因此，在体育教学过程中，教师要从学生的兴趣和身体发展特征出发，选择能激发他们兴趣的体育活动，充分安排能够为学生带来乐趣和成功体验的运动项目，让学生积极加入到课堂教学中来，享受主体地位。当然，在体育教学过程中，掌握知识和技能仍然是基础教学目标。帮助学生实现从"学会体育"向"会学体育""会用体育"良性过渡，才能最终达成"终身体育"的目的。

二、"尽心尽智"是高校体育教师应有的态度

现代体育教育的重要性已经得到越来越多教育专家的认可，它不仅承担着提高学生身心健康的重要使命，而且还要帮助学生发展德育和智育。为此，"尽心尽智"地上好体育

课才是体育教师应秉持的正确态度。

但如今，大部分人仍然将体育当作一门不重要的科目，有时还会出现体育课被其他科目占据的情况。然而，在素质教育中，体育同样是一个重要的衡量标准，如果没有体育，素质教育就不完善。相反，它承载着促进学生身心健康的双重使命。从这个意义层面上来看，体育教师所肩负的责任比其他任何学科的教师都重得多。因此，体育教师应该"尽心尽智"地上好每一节体育课，认认真真地完成每一个教学目标和任务，踏踏实实地做好以下五项工作：

（一）以爱为本，因材施教

一个优秀称职的体育教师要有一颗爱学生的心，把学生当作是自己的孩子。以体育考试成绩为例。经过一个学期的体育学习，大部分的学生在期末考试中获得优异成绩，也有少数学生的成绩不够理想。此时，教师需要付出更多的耐心，帮助他们在一次次练习中重新挑战自己，获得自信，让学生在教师有爱的教学中茁壮成长，进而创建一支"有爱"的教师队伍。那么在接下来的补测中，这些学生的成绩会取得质的飞跃，他们每个人的脸上也会露出满意的笑容。诚然，要让他们知道，测试并不是最终目的，每个教师最大的愿望就是让他们在爱的滋润下茁壮成长。

（二）营造氛围，提高效率

体育课不同于文化课，本身的特性决定了它活泼、愉快的课堂氛围。体育课的最终目的是让学生在和谐愉快的氛围中，调动兴趣，掌握运动技能。体育课大部分内容以单纯的技战术教学训练为主，课程自然会略显枯燥乏味，激发不了学生的学习兴趣。体育教师可以通过在体育教学中融入适当的体育游戏，激发学生的学习兴趣，满足学生日益增长的体育需求。通过游戏的开展，学生学习专项运动技术的效率也会大为提高。由此可见，体育教师在教育过程中加入游戏环节，可以营造出一个愉悦、融洽的学习氛围。

（三）优化结构，转差培优

"爱是教育的前提"，作为一名教育工作者，要关爱每一个学生，不管是成绩优异的，还是成绩平平的。面对一些成绩不理想、调皮捣蛋的学生，教师不要言语讥讽，不管不顾，要学会科学、合理、机智应对，谆谆教导，循循善诱，抓住他们的兴趣和在意的事情，打开他们的心扉，让他们意识到教师对他们的注意、尊重与认同。诚然，这期间需要体育教师付出真诚和无私的爱。体育教育应该坚信真诚永远大于技巧的原则。教师对学生全心全意的付出，相信终有一天学生能感觉得到，进而向好的方向转变。

（四）重视道德培养，教育学生做人

大学时期，是学生从学校走向社会的过渡期。古今中外伟大的教育家、思想家都认为

体育教学不仅要提高学生的身体素质，更应注重对学生进行精神教育和道德教育。以奥运会为例。奥运最重要的不是比赛的名次和奖牌的数量，而是全世界人民之间的友爱和人类在奥运场上一次又一次的自我挑战。良好的体育道德才是体育事业得以兴盛的因素之一，人们也终将受益于此。

（五）转变教育理念，倡导合作学习

当前，我国许多大学都在积极推进教育改革，其中包括了体育教学，而"合作学习"则是体育教学改革的一个重要方面。合作学习是一种"以合作为竞争、以竞争为合作、以快乐为教学、以学为乐"的新型学习环境。合作学习能促进学生主体意识和创造、责任和协作等方面的发展，是一种令人愉悦的教学方式。同时，也有利于教师和学生之间的相互尊重、合作和理解。

总之，体育教育的终极目的是培养学生良好的品德，发展学生的综合素质，使之成为满足社会需要的栋梁之材。因此，体育教育工作者一定要倾注全部的爱心、力量和智慧于教育之中。

三、高校体育教学中实施培智教育的有效途径

（一）体育与智育相互联系，对人的全面发展具有重要意义

马克思曾经说："我们把劳动力或劳动能力理解为人的身体即活的人体中存在的智慧、每当人生产某种使用价值时就运用的体力和智力的总和。从他这一政治经济学观点中，我们可以看到他对人的全面发展的定义，那就是对体力劳动和脑力劳动都能运用自如的人才算得上是一个合格的全面发展的人。由此可见，人的全面发展的本质特征应该是涉及各个方面的，但最基础的当属体力和智力的发展。因为对于任何一个社会个体而言，无论你从事哪种社会活动，最后都需要手脑并用才能够完成。任何只单纯依靠体力或者脑力的劳动都是不存在的，这也是人之所以是人而不是动物的决定性因素。只有使二者有机结合起来，运用到具体的社会实践之中，人才能获得全面发展，而且人的发展最终也会反作用于体力和智力的发展。马克思和恩格斯不仅揭示了人类自身发展是片面向全面发展的客观规律，而且详尽地阐述了人全面发展的本质特征和真正含义。

（二）体力与智力发展并进

纵观世界，不管东方还是西方，教育的目的就是育人成才，克服人自身的不足，进一步发展人的体力和智力，使人趋于完善。智力是人对客观事物的自我认知和运用已储备的知识解决现实问题的能力。通常情况下，人们常说的智力主要包含观察、想象、注意、记忆、思维、分析、判断等一系列心理内容。首先，智力的发展离不开它赖以生存的土

壤——大脑，大脑为它提供生存的土壤并源源不断地供应其营养。其次，智力的发展还离不开社会实践活动，没有深入社会实践活动中。在现实生活中，我们熟知的伟大人物都是经历过人生的历练才成长起来的。当然，伟大的人物并不一定都是外表威武强壮的，他们中也不乏瘦弱矮小的心灵巨人。由此可见，智力和体力并不一定是成正比的。于是，有一些人就开始把智力和体力对立起来看待，重文轻体和重体轻文是其中最常见的两种错误思想。古今中外许多做出丰功伟绩的英雄人物，其才能不仅表现在智慧上，也表现在顽强拼搏和舍己忘我的精神上，他们还很注重身体的健康。为了实现强国富民，我们不仅需要储备大量的科技人才，还应该大力发展一批优秀的体育人才，尤其是发展一批文武双全的人才。

（三）体育锻炼能促进智力发展

受传统观念的束缚，长期以来，体育教学一直不受重视。很多学校注重学生的文化课成绩，对于体育成绩持忽略态度，甚至有些把体育运动看作胡蹦乱跳的体力活动。显然，这是人们对体育运动的误解。体育运动除了能够发展人的体力外，还能发展人的智力。清华大学的一位学生曾做过这样的实验：他一改往日学习 8 小时的习惯，每天从 8 小时里抽出 1 小时进行体育活动。经过一段时间的实验，他得出结论："7 小时的学习+1 小时的锻炼>8 小时的学习"。这就是著名的"8-1>8"理论。由此可见，体育锻炼对于开发人的智力有着非常重要的意义。众所周知，人的智力水平可以通过如记忆能力、思维能力、想象能力、判断能力等表现出来，并且大脑为这些心理过程提供了物质条件和营养补给。那么大脑是如何产生记忆、思维、想象和判断的呢？这也是现代生命科学的研究方向。

健康的身体为智力的发展奠定了坚实的物质基础。有实验表明，经常参加体育锻炼能增强人的体质，增加大脑的重量和皮层的厚度。实验者用老鼠做实验。老鼠被分为两组，一组被关在小笼子中，限制其在里面运动，另一组被关在大笼子中，让其自由运动。一段时间过后，对它们的大脑重量和皮层厚度进行测量，结果表明经常运动的老鼠大脑皮层厚，大脑重量重，脑细胞树突明显且密集。这也印证了体育运动能强身健体、开发大脑这一科学论断。

大脑是人体的司令部，是人体的总指挥部。经过漫长的历史岁月，人脑逐渐从动物那并不发达的大脑进化成智能化的人体大脑。人体大脑像饱经岁月沧桑的老人的脸，颜色发灰，褶皱遍布。大脑的主要构成单位是大脑细胞，大脑中约有 140 亿个脑细胞，其中 92 亿个集中在大脑的表层。脑细胞就像是一台电子计算机，有着接收信息、储存信息、传递信息的功能。众所周知，电子计算机内有几十万个电子元件，且体积庞大。而人脑所拥有的脑细胞要比电子计算机多一万倍左右，但是体积却比它小得多。由此可见，人脑构造是多么精密与复杂。人脑的工作需要充足的氧气和营养供给，就像电子计算机工作需要能源支持一样。这就需要我们进行充足的体育运动锻炼，来确保能量源源不断地供给大脑。

调查研究表明，经常参加体育运动的人，大脑神经细胞反应速度较快，表现在外在物质器官上就是视觉、听觉比较敏锐。国外也有学者指出，一个人的思考速度和反应速度直接反映着他大脑细胞的反应速度。大脑最大的应用就是可以对接收的信息进行加工、整理和编程，传输给下一次应用。从大脑的生理学角度分析，左右两个半脑分工明确。右半脑主要负责情感和意志，左半脑主要负责推理和思维。例如，在进行创造性思维时，左半脑起着决定性的作用，而在进行情感体验和文学创作时，右半脑起着决定性的作用。对于体育运动而言，它同时开发左右两个半脑，激发大脑的无限潜能，促进智力的跨越式发展。

（四）体育锻炼可促进健康

科学、合理的体育运动不但可以帮助人们强身健体，还可以促进其智力开发。但是，这并不等同于体力发展的同时智力一定会跟着发展，二者之间有着本质区别。体力的发展必将为智力的发展提供一片沃土，并为其供给营养，这一点是毋庸置疑的。体力最终转化为智力还需要一个磨炼的过程，这期间需要调动大脑的多种思维细胞，在挑战过程中发现规律，将体力内化为智力。如果把大脑比作一把刀的话，那么用大脑思考就像是在磨刀，大脑要像刀一样多磨，才会变得更加锋利。

第三节　"寓美于体"教育思想

一、高校体育教学美理论初探

20世纪80年代初，体育教学美逐渐成为一门独立的研究学科。体育教学美理论研究范围广泛，主要涉及体育教学美的定义、理念和主要分类等。但是，具体到现实的实践阶段时，大家的认识仍然存在诸多问题，归根结底，还是对体育教学美的认知不够深入和彻底。表面上，体育教学虽然看似形式单一，毫无美感可言，但这其实是对体育教学的一种误解。体育教学中美的创造和体现无处不在，只是我们还没有用心去挖掘。体育美研究学科的产生，有助于使体育教师更好地认识和理解体育教学中的美。

（一）体育教学美的定义

体育教学外在表现为身体的运动状态，内在表现为对人体的各种塑造。如果用形式逻辑学中的"定义项目＝种差＋属概念"来解释，则认为体育教学的审美应该是"种差的体育教学"和"属概念的美"。体育教学是学校教育的一个重要组成部分，它贯穿于学校教育的全过程。体育教学是一个以体育教师的引导为主的教育过程。学生由于生理和心理还不太成熟，需要在体育教师的正确引导下来提高自己的兴趣，使自己融入体育教学之中，在体育教学中主动学习各种体育技能，最终使自己的身体、道德素养和智力都得到发展。

作为哲学和美学重点讨论的话题——美的本质的理解。马克思认为，"劳动创造了美""人在他所创造的世界中直观自身"。由此可以得知，美的本质其实就是"人的本质力量对象化的感性显现"。紧随其后的实践派李泽厚继承并发展了马克思关于美的本质的观点。他认为，美是在人类的劳动生产实践过程当中产生的，此观点与马克思的观点有异曲同工之妙。美学，究其实质，其实属于哲学范畴，它的目的就是引发主体享受美的体验。当然，美的形态有很多种类。如果按照领域标准来划分的话，美主要可以分为艺术美和现实美。如果按照性质标准来划分的话，美主要可以分为形象性的美、创造性的美和情感性的美。在这三类美当中，创造性决定着美的生命进度。所以，在体育教学进程中，如果想让学生更多地感受到体育教学的美，那么教师应该在教学方式方法上进行变革，只有教师创造性地将审美与知识巧妙地融合起来，才能永葆体育教学美的青春与魅力。

（二）理解体育教学美的三种视角

1. 体育教学美的手段论：以美育体

体育美可以激发学生的学习兴趣，让学生在掌握体育美的同时，将其内化到自身，拥有自身特色的运动美和健康美。这也为将来学生学习体育技能和终身体育锻炼打下坚实的基础。

在传统"三基"体育教学模式和教学目标的影响下，教师更加注重对体育教学中外在形式美的追求。他们希望通过教学让学生展现出健康的体态，带给人们美的享受。例如，教师可以从造型美、仪表美、语言美、示范美、精神面貌美和技巧美等方面加大美育教学的力度。这些美的因子可以以不同的顺序进行排列组合，创造出更多新形式的组合美，以此来激发学生对体育运动的兴趣，使其积极投入到体育教学过程之中，让学生在饶有兴趣的体育学习之余，也使自己获得更多的享受。

2. 体育教学美的目标论：以美育人

以美育人，实际上就是要以美作为体育教学的目标，相对于以美为手段的体育教学美而言，这显然更具有导向作用。因为把美作为教学目标的话，其中必然包括把美作为手段去应用，但是它又不仅仅只是作为手段而存在，它具有超越性，直接指明了体育教学的最终目的就是以美育人。以美育人旨在发展学生的身心健康，因而以美育人更能发展学生的个性美。

强健的体魄为精神的发展提供了坚实的基础和无限的可能。从这种意义上讲，体育美学保障了学生身心健康。它既能为有限的生命提高体力、增强体质，又能促使无限的精神领域实现质的飞跃。体育美学不再把内容限定在发展学生的身体美、运动美的狭隘领域，而是向前迈进了一大步，它更加注重发展学生的个性美，使体育教学完成了从教授技战术转向发展学生个性的质的蜕变。当然，这种质的蜕变并不是说就可以弃技能和健康于不顾，只是一味地去注重发展精神领域。我们要端正态度，在发展精神领域、实现个性美的同时，不应该忽视发展学生的技能和体质，要在这些基本的物质基础上大力发展精神世界领域，从手段到目标都应该实现美的教育。

体育教学的发展已经从生理、心理、社会适应性等方面逐步拓展，并逐步发展为一种全新的、全面的德育教育。在今后的培养中，要把育心和育体培养相统一，把主体需求和社会需求有机地联系在一起，把提高学生的身体素质和终身锻炼的观念有机地联系在一起，把"有形"的注意力从注重身体素质、运动技巧等转移到社会适应、心理健康等"无形"方面，尊重学生的主体地位，促进学生的全面发展。在体育教学美的教育下，学生能获得一场享受美的视觉盛宴和情感体验，进而丰富情感和完善人格。

3. 体育教学美的过程论：美的享受

体育教学的美可以直观地体现在肢体语言、色彩、线条、动作等载体上。它既不像其他学科那样需要说理式的教育，也不像其他学科那样进行表象式教育，而是二者的有机融合。体育教学中的美学活动是一种美的享受，是对"真理"的掌握和对"善"的追求的过程。体育教学中最突出的特征是直觉、感性，需要借助运动载体、形体载体、空间载体和运动载体等来传递，只有把体育教学美不再当作课堂点缀，始终如一将其贯穿于体育课堂教学的始末，才能最终促进学生的全面发展。

运动的全过程表现为运动形态、运动状态、运动方式、运动进程等。体育的极致是身体的美感，体育的形式是节奏与协调；动作的构造包含了最小的力和最大的做功之美；在运动的过程中，人们可以自由地控制自己的身体，展示自己的精神之美。所以，大学生既要以健身为目的，又要将美与运动相结合，使自己在运动中获得美，使自己体会到美。在教学内容上，要充分发挥体育理论与实践中的美，特别是健美操、艺术体操、体育舞蹈、花样游泳、花样滑冰等，使学生在欣赏美的同时，对人体的美有更深刻的认识，使自己的身心得到解放。就教学方法而言，教师要在教与学的过程中，广泛借鉴美育的各种方法，尽一切可能地创造各种审美要素，提升学生的学习效果和审美能力。

（三）体育教学美的理念高度：生命关怀

体育教学美的最终目标就是把教学目标提升到生命关怀的高度。古今中外伟大的教育家、思想家都提出过人文关怀的主张。老子中国先秦道教的代表人物之一，他将"道法自然、自然无为"的自然生活理念融入自身修养之中，表现出一种朴素的"生"之气。杜威以其"生长"的特点为基础，提出了"以人为本"的教育理念，充分发挥其潜能。因此，体育教学应充分尊重人性的发展，通过体育教学这一途径，促进人的生命意义趋向完整。体育教学美帮助学生养成良好的身体素质和体格，让学生理解美的真正内涵，掌握审美技能。

在体育教学美的指引下，体育教学由原来的教师设定的目标转变到学生对审美的自觉构建，这种转化的历程是学生的人生实践活动，探索、发现和解决问题的过程。教学内容也因此一改之前的被动、权威、死板，变成了一个需要再理解、再创造的鲜活个体，它需要主体对象对其进行情感灌溉，使其拥有生命价值。因此，体育课程的设计者和参与者需要积极调动自己的情感，使体育教学富有生命色彩。

现代的体育课堂，对于体育教师而言，应该是实现生命价值、建立生命家园、体验生命激情的乐土。对于学生而言，它应该是焕发生命活力、充满生命律动、舒展生命张力的天堂。从体育教学美出发，体育教学的过程应该是教师与学生之间、学生与学生之间相互交融和相互契合的过程，在此过程中，师生的生命价值与活力得以尽情展现。

（四）实现体育教学美理念的难点：情感关怀

如果体育教师能够把自己的情感恰当地注入体育教学之中，必将起到营造体育课堂教学氛围、美化体育课堂教学情境之功效。体育教师可以通过表情、言语、示范动作等，将自己的情感传递给学生，让他们感受到情感关怀的暖流。

体育运动过程是一个可以帮助学生活跃大脑、开发情感的过程。在此过程中，师生之间情感共鸣，共同产生愉悦、舒适的情感体验。

运动和感知之间有着某种特殊的联系。正常情况下，在运动的过程中，人的感知会变得相对较弱。虽然我们不能强求既能体验运动，又能感知万物，但是我们可以从运动过程中的某一具体事物出发，将想象与现实相结合，以此来拓展我们的情感空间。当然，情感关怀除包含快乐、愉悦等内容外，还应涵盖紧张、焦虑、忍耐、痛苦等内容。只有充分重视体育教学中有可能发生的各种情感，才能让学生在面对突发状况时积极应对，最终促进体育教学效率的提高。

（五）体育教学美的分层与演进

体育教学美属于教学实务的范畴，与体育教学的价值观念、教学理念和审美情趣有着密切的联系。体育教育的美感不仅仅是表现在教育的形态上，更是表现在教育理念上。竞技运动审美的外部表现是运动艺术的技术手段，而其内部的审美表达方式是它的高级教育理念。形神俱佳的运动教育，是实现体育教育之真。而体育教学美则必须通过不断的创新和重组，才能发挥其陶冶、愉悦、和谐的作用。

1. 初级追求：美的方法

体育教学追求美的方法是多种多样的。有的是教师在教学实践中积累、总结出来的，有的是直接借用其他学科的教学方法。当然，无论是采用直接的方法还是间接的方法，当它以娴熟的教学技巧展现在体育教学课堂时就是美的。

首先，进行美的教学。对学生的心理需求与美学需求有更多的认识，在学生需要的基础上设计体育教学环节，可以对提高教学质量起到事半功倍的教学效果。

其次，语言美教学。语言属于体育教师基本教学能力的范畴。体育教师的语言美也是体育教学美的一种表现形式。古人云："师者，所以传道授业解惑也。"这也揭示了教师的职业特征和目标。而在传道、授业、解惑的整个过程中，语言教学是不可或缺的要素之一。因此，体育教师的语言应当简单明了，逻辑性强，情感丰富。体育教师只有在语言上做足功课，才能成功吸引学生的注意力，开启学生想听、爱听的第一步，无形中达成语言美的体育教学目标。倘若体育教学中没有语言美的话，那么后面的体育教学美也就举步维艰了。

第三，形式美教学。体育教学的形式美突出表现在队列设计上，这已成为引导学生练习的重要手段之一。在教学中可用一些图像器材，刺激学生的感官，激发学生的兴趣。当然，教学内容不同，队列图形也不尽相同，这需要体育教师在体育教学过程中灵活掌握和运用。例如，体育教师进行武术教学时，可以采用太极队列进行教学；进行健美操教学时，可以采用圆形队列进行教学；进行田径教学时，可以采用方形队列进行教学。在不同教学内容中采用不同的队列队形，学生觉得新鲜，增加学习体育知识的乐趣，产生美的享受。

第四，动作示范美。体育教师是学生学习的榜样和楷模。因此，体育教师的示范显得尤为重要。体育教师熟练的技术、优美的动作、强壮的体格，都可以成为学生模仿的对象。

2. 中级追求：美的心理体验

在体育美的教育过程中，仅有学生的自我欣赏是不够的，还应欣赏他人。欣赏他人包括欣赏教师、欣赏同学和欣赏高水平运动员等。通过借助他人的力量来丰富自己的感性认识，提高自己的理性认识。为了激励自己的运动技能水平达到一个新的高度，学生可以把优秀运动员的完美技艺视为自己将来要努力的方向，进而端正学习动机，激发无限潜能。对于一场体育比赛来说，最受关注的莫过于教练员、运动员和裁判员了。因此，他们也可以被视为重要的欣赏对象。教练员沉着冷静地欣赏着赛场上每一位运动员的表现，对他们进行及时的反思与总结，并帮助运动员端正心态；运动员胜不骄败不馁，在比赛中不求超越别人，只求超越自己，顽强拼搏，自强不息，尊重对手，尊重裁判，积极履行体育职责，践行体育精神；裁判员公正执法，严于律己，公平对待每一位选手，认真观察每一个比赛细节。通过对这些教练员、运动员和裁判员的欣赏，学生们可以领会体育精神，进而提高体育兴趣。仅从这个角度来看的话，体育教学所带给学生的欣赏内容是体育比赛无法比拟的。

3. 高级追求：美的创造性教学

美之所以为美，就是其具有自由创造性这一精髓。同样，创造性也是体育教学美的一大特点，因为美的教学在于创造，最忌模式化。教学可以不断警醒学生大脑中的理性法则，让沉睡于个体生命的社会规范不断苏醒过来，让生命具有无限可能性。

体育美教学是以切合实际审美的要求和明确的审美目标为导向的。这就需要提高体育教学中的审美素质。为了使体育教学的美感得以体现，必须敢于突破传统的观念，灵活运用教材中的各种内容，从而使教学的美感得以生成与发展。转变观念、灵活思考、引导学生积极投身于教学和学习中，是每位体育教师都应该采取的一种心态。要达到"美育"的目的，首先要突破传统课程的"条条框框"，把"课程"的内容进行再组织、整合、补充，形成新的教学空间，充分体现了体育的美感。体育教师要实现体育教学的美感，必须突破课纲的重重限制，对教学内容进行重新编排、重组、加入新的特色、弥补教学中的空缺，从而形成一系列生动的教学环节，把体育教学的美感发挥到极致。

4. 终极追求：追求体育教学美的精神

"成人""为人""完人"是现代体育教学美活动的全过程，促进人的美的精神成长，失去了心灵的自由，也就是"为人"的自由被扼杀。所以，学习并追求审美的精神自由是体育教学的主要目的之一。

人类之所以创造体育，其目的在于人们想通过体育感受人生，愉悦生命，享受生活，进而寻求美、创造美、提升美，来享受一下精神上的乐趣。在追求体育教学之美时，必须明确掌握运动技巧。人类只有在对肉体的自由控制下，才能实现对灵魂的自由控制。运动之美不仅仅是为了满足某些生理上的需求，而是一种精神上的愉悦。这种享受是普遍的、永恒的、深刻的。美不仅有利于陶冶人的情操，增强人生信念，鼓舞人的斗志，弘扬人性，文明净化社会，还有利于我们看清未来，憧憬未来。通过体育教学，学生能够捕捉到体育情感想象、生命关怀等符号，带着发现美的眼睛去看待整个世界。

二、高校体育教学中美的体现与价值

（一）高校体育教学中美的体现

体育课程是大学生的必修课程，计入学分范围，体育成绩也是学生是否完成学业的考核标准之一。由此可见，体育课程并不是可有可无的，它已经成为教书育人的重要手段。现代体育教学不仅要以提高学生的身体素质为己任，还应以发展学生的身心健康为标准。教师在进行教学的过程中，也会在自己的专业领域中展现和发掘个性美。而在大学体育教学中，体育教师是这一工作的主体。

（二）学科的美

1. 体育学科教学蕴含着真、善、美

自古以来，体育运动就是人类社会不可或缺的活动之一，与人类的生产和生活息息相

关。体育活动富含丰富多彩的审美因子，是审美的一个特殊领域。如今，各种思想倾向于关注自然、身体和社会制度等，很多学者更看重人体自身的美学因素。人们对体育运动中美的好奇与解密可以体现在人们对瑜伽、太极、禅等东方文化思想的极大兴趣和强烈推崇上。究其实质，体育教学只是体育这个庞大家族中一个细小的分支而已。

现代体育教学的目的是培养学生德、智、体、美全面发展。我们都知道，教育的任务就是把人间的真善美展现给学生，并教会他们运用法则去创作。体育教学能为未来走向国际舞台打下坚实的基础，也为人生增添一份勇气与生命的根基。这就要求体育教师不仅自身要提升真、善、美的素养，也要为学生树立真、善、美的榜样。这是一项非常重要的工作。具体来说，"真"是指体育教师的教学活动要与人的身体和精神发展的规律、科学的教学内容、知识技能和心理逻辑的结合；体育教师的"善"，主要体现在教师身体力行地为学生树立道德榜样，融情感教育于教学之中；体育教师的"美"，主要体现在教学过程形象生动、教学活动丰富精彩、教学互动愉悦和谐。

就体育而言，它在教授课程中展示出的各种动作形态、比赛时规定的各种规则条例、动作的起源和发展等无不是对体育美的演绎。从体育动作的学习过程中，我们可以感受到美。人们通过体育的动作美去探究运动本质的规律，这就是在追求所谓的真。由此可知，体育的真、善、美和人类的真、善、美是息息相关的。因此，教师学科教学的重要任务是以美引真、以美储善，这也是对体育工作者的职业要求。

2. 体育教学体现着感性的美

使学生掌握系统的体育理论、卫生保健和具体的锻炼常识，以实践的内容为志趣，是体育教学的出发点。教师不仅要增强学生的身体素质，更要培养学生进行终身锻炼的好习惯。体育教学内容既要包含体育教学理论，还要包含体育教学实践。其中涉及人体解剖学、营养学、生理学、力学、卫生学、化学知识、运动技能等。如果体育教学一直用单一枯燥的教学模式，学生不可能对体育有正确的感知。体育学科的教学也不可能脱离一定的形式而单独存在，它总是需要在某种特定情境下在体育教师的指导下进行。所以，此时教师各种清晰的语言、生动的表情、精准的教具、准确优美的动作示范等感性形式显得尤为重要，它使整个体育教学过程极具感染力。如果抛开这些情感因素，光说体育教学，实在不知道怎样才能进行体育教学。情感，是"美"的一种基本存在形态，是师生主体、客体互动的纽带，还是教学得以继续的决定性条件。可以这么说，没有感性参与的教学，是不完整的教学。体育教学过程不可避免地会接触到大量的形象动作，而美的传递又需要有感染力的形象动作作为载体。因此，体育教师可以抓住此契机，利用体育教学独有的特点对学生进行美学教育。教师在体育教学知识讲解中可以适当融入一些美学基础知识，让学生得到美的体验和熏陶。体育审美教育的特点，主要有以下四点：第一，形象示范性。通过鲜明的形象示范来启发和熏陶受教育者。第二，方式自由性。即随时随地都可以进入情境教学之中，灵活自由。第三，情感陶冶性。美德教育最终是帮助学生陶冶情操，获得美的享受。第四，效应持久性。它不是稍纵即逝的，而是深刻持久的，影响审美层次和审美境界。

总之，体育学科教学的美是与学科自身共存共荣的，二者息息相关。无论是教学中感性形式的运用，还是学科教学中真、善、美的良性启发，都能体现出体育教师的职业美。

（三）过程的美

体育教学的过程是发展变化的而不是凝固僵滞的，体育教师的职业活动是在教育过程中进行的。"过程"二字足以表明体育教学自身的特性——动态性和开放性，体育教学的过程伴随着教育情景和教育手段的改变而改变，也伴随着教育对象和教育内容的变化而变化。这就决定了体育教师职业的与众不同——动态效果明显，换而言之，体育教师职业将一直处于变化之中，带有不确定的神秘色彩。也正因如此，体育教学过程的这种动态美阐述了体育教师职业美的基本内涵。

1. 对知识的活化

古语云："师者，所以传道授业解惑也。"因此，有人认为教育意味着教学，教学意味着知识。作为教师，一项重要的职责就是向学生传授人类千百年积累下来的文化理论和实践，武装他们的头脑，促进他们的身心平衡、健康、和谐地发展，进而让他们用健康的身体和智慧的大脑为祖国、为社会贡献自己的力量。当然，对于体育教师而言，体育教师的教育过程首先是一个引导学生的过程，它要求教师自身要对本体育专业的知识了解透彻，灵活运用，才能为帮助学生学会相关的理论知识和运动技能打下扎实的基础。只有在熟练掌握的基础之上的运用才能游刃有余，教师也能因此"一心多用"，将有限的时间恰到好处地分割成几部分：教授专业知识和技能，掌握学生学习动态，了解教学进度等。只有以雄厚的知识储备做基础，知识的灵活运用和迁移学习才能变得有的放矢。除此之外，体育教师还应该对该体育运动项目的发展趋势有所了解和预测，教会使学生用发展的观点看待现实生活中要面临的实际问题，理论与实践相结合，并应用于未来。

知识的活化还应包括教师对学科认识论、方法论的传授。让学生学会学习才是王道。当然，这一切都是建立在教师丰富的知识文化底蕴基础之上的。能使知识在教学中不再单调乏味、一成不变，能在科学体系中对自己讲授的学科有清楚的认知，能把知识活化，这些才是每一位体育教师应尽的职责。只有这样，教育过程才能扫掉尘埃，露出钻石；洗掉泥沙，露出珍珠，最终还原其本真面目，这也是教育的真正价值和意义之所在。

2. 教育过程中师生经验的分享

教师与学生、学生与学生之间的关系是教学过程中的主要关系，这种关系是双向的。尽管学生与教师在教学过程中所扮演的角色不尽相同，但都在教育活动中扮演着重要的角色。离开了教师的学生和离开了学生的教师，都不能构成完整的体育教学活动。只有教师和学生二者共存于体育教学之中，才能构成完整的体育教学过程。其中，不仅学生和教师之间关系紧密，而且学生和学生之间的关系也密切相连，因为体育教育过程同大多学科的教育过程一样，都是师生交流、共同促进提高的过程。

在教育过程中，师生经验的分享主要指教师和学生互换位置，进行教育和运动中所获得认识、情感的"换位"体验。分享需要极强的包容性。其中主要包括以下两个方面内容：一是"共同创造"。创造被视为人的优秀能力的表现，被视为制造世界中前所未有的事物的力量，它预示着人的无限可能，最终产生最大的享受。也正因如此，体育教学过程中最有意义的地方就是师生可以共同创造。二是"教学相长"。按照常规思维，体育教学过程就是一个"教师教"与"学生学"的过程。体育教师在整个体育教学过程中占据主导地位，而学生在整个体育教学过程中占据主体地位。学生在体育课堂中的主要目的就是从体育教师身上获得一切可以获得的知识，其中包括体育运动技能和思想品格等。"弟子不必不如师，师不必贤于弟子"，充分印证了师生关系在某种情况下是可以相互转换的。教师其实也是芸芸众生之一，他们不可能在自己有限的生命里熟知各个领域、各个学科的各种知识。他们有的时候也需要从学生身上受到启发，给自己的知识注入新鲜血液。在体育课堂教学中，体育教师与学生思想碰撞、灵感大发的情况也是时有发生的。这才是真正意义上的师生互动，师生双方发自内心的肯定、学习与相互欣赏，教师与学生进行平等的对话与交流，双方共同进步。在这样的良性循环过程中，师生互惠共赢，共同向前。

在体育教育过程中，体育教师有着主动性和被动性的双重属性。一方面，体育教师虽受教育规律和客观因素的制约，不能随心所欲，但与此同时，还可以在既定的范围里最大限度地动用各种主观因素和有利条件，为己所用。这就是所谓的创造过程，其中包含教师对教材、教法、学生的创造，也包含学生对自己的创造过程。学生对自己的创造过程不仅体现在他在教师引导下对知识的选择、消化和重组，还体现在他运用所学知识来解决面临的现实问题。学生自我创造的过程实质上是一个体验快乐、发展快乐、享受快乐的过程。此外，师生彼此之间的创造又是相互影响、相互促进的。在创造过程中，他们从对方身上吸取经验教训，在这些经验教训的基础上重新出发。有了高起点的创造，再加上自身积极主动的心态，相信成功就在脚下。于是，教育过程便完成了从单向的、静态的向双向的交流和动态建构的蜕变。这一切无不在传达人类对生活的感受和体验。

与其他学科教学一样，体育学科教学中同样包含丰富的审美教育和美学教育，这就要求体育教师在体育教学过程中从美的本质出发。体育教学美首先要以教育的美为基础，真正发现和运用体育的独到之美，在体育教学中尽可能地用审美的眼光，发现美的原则，创造美的态度，向学生展示体育教学美。

（四）高校体育教学中美的价值

1. 体育美有利于唤起学生的主体意识

体育美教育有一个基础观点，就是首先要健康，然后才是美丽，美丽要建立在健康的基础之上。人们通过科学的体育锻炼能够有效地调节身体机能，促进血液循环，进而得以防病。

体育美教育要让学生知道，健康的身体才是学生精神焕发的保障。健康是生命的源泉，没有健康，生命也就无从谈起。通过科学的体育锻炼人们会获得更多的氧量和营养，促进血液循环，加速细胞新陈代谢，从而使面容光泽、有弹性，延缓衰老，保持青春活力。良好的体态在一定程度上决定了人们的气质、风度和魅力，因而它也成为人们竞相追逐的对象，而体育锻炼则是获得良好体态的最佳选择。如果学生想要获得形态美，那么坚持进行体育锻炼会是一个不错的选择。体育美教育有助于学生对体育课程有全方位的了解，对体育课程内涵有深层次的挖掘，激发起强烈的学习兴趣，从而能够积极主动地参与体育锻炼，使之成为生命中不可或缺的一部分，为终身体育事业奠定坚实的基础。

2. 体育美的教育有利于增进学生心理健康

体育运动在给学生带来美的享受、美的体验之余，还能帮助学生得到精神上的解放，用最积极的心态去迎接挑战、面对世界，进而有利于他们的身心健康发展。学生在欣赏体育美和创造体育美之余，也学会了遵守规则的优良品质和追求高尚美的体育行为，通过运动领会团结协作、尊重他人的体育精神。

3. 体育美的教育有利于培养和教育学生树立社会意识

从我国优秀的体育健儿身上，我们不难发现某些共同的特质，那就是顽强拼搏、刻苦训练、聪慧过人、道德高尚……他们的存在，让我国的体育事业得以进一步发展，民族精神得以彰显。他们的精神、行为和事迹激发了我们爱祖国、爱人民的热情，学生在学习体育之余能够树立强烈的社会责任感、社会意识，并将其外化在体育学习的行为上。

体育教学过程中，体育教师起着引导作用，是体育美的主要传播者。因此，体育教师自身素质的高低将在一定程度上影响体育教育美的传授。以体育教师渊博的知识为基础、高尚的道德情操为保障、良好的思想修养为根基、高超的技巧和体能为储备、较强的工作能力为依托，才能激发学生感知美、创造美、鉴赏美、评价美的能力，使学生体育与美育有机结合，让学生在体育课程中受到美的熏陶。

体育教学中，体育美无处不在。如果体育教师能够细心观察，发现这些美的因素，并最终把它们运用于体育教学过程，通过体育的独特魅力，让学生对运动产生浓厚的兴趣，摆脱"美"的误区，养成健康、形体、姿态和心灵的正确价值，形成借助科学的体育锻炼塑造健康美、形体美、姿态美、心灵美的正确价值观。在体育教学中，寓美于体育，有利于恢复大学生的主体性，促进大学生的身心健康，培养大学生的社会意识。

三、美在高校健美操教学中的合理运用

健美操已经成为当今社会人们健身、休闲、娱乐的重要体育运动项目，它之所以能够在短短的二十多年里走进人们的生活，改善和愉悦人们的身心，深受人们的喜爱，与当今社会人们对美和美好生活的无限追求息息相关，也是与健美操自身深厚的美学基础、符合人们审美心理需求的特性密不可分的。进入新世纪，健美操活动已席卷全国的各大城市，深入各个社区和校园，尤其是伴随着全民健身活动的进一步开展，健美操以其独特的魅力和功效，深受人们喜爱。围绕健美操而开展的各项活动也越来越多、越来越流行，如：规模盛大的高水平的全国健美操锦标赛和大学生健美操比赛，迅速发展的各种形式的健身俱乐部，各种聚会和晚会中的健美操表演等。

（一）健美操运动的美学原理

美的基本形式主要表现为整齐、对称、比例、均衡、对比、和谐、层次、节奏、多样统一等方面，这为健美操创编者提供了基本的美学理论。

根据健美操的定义可知，健美操有三个方面的含义：第一，健美操是一项由裁判根据比赛规则进行评分的体育项目，它的创造美必须符合体育审美的标准与要求；第二，健美操和音乐、舞蹈等项目一样，都是一种艺术形式，它的审美特征决定了健美操美的实现必须遵循艺术美学、音乐美学和人体服饰美学的基本要求；第三，健美操是以达到健身、健美和健心为目的的娱乐、观赏型体育项目，这说明健美操只有达到塑造身体形态美、健康美的目的，并符合当今社会对美的追求，才能健康、稳定地向前发展。

从健美操概念的三个内涵可以推测，健美操的美是体育美学、艺术美学、音乐美学、人体装扮美学、人体形态美学和当今社会人们的审美观等诸多方面美学理论的影响。我们应当根据各方面美学原理，设计和创编出更符合人们对美的需求的技术动作和套路，将健美操的生命源泉进一步推动发展。为此，在设计和创编健美操时应主要遵循以下各方面美学原理。

1. 体育美学中的"技术美"决定健美操运动技术的发展方向

（1）体育美学中的"技术美"。在体操运动项目中，凡是运动员创造出的新动作都以他的名字来命名等。这就进一步说明了技术既是人类向自然显示自身力量的过程，又是向自身挑战的过程，是人类本质力量的体现。这就是健美操运动技术美的主要源泉。

体育"技术美"主要通过"动作美"来表现。"动作美"是由身体姿势、轨迹、时间、速度、力量、节奏等因素组成的，是一种动态的美。人体运动是体育存在的方式，体

育美必须通过优美、细腻、柔软、精巧、刚劲、雄健、明快、敏捷等各种人体动作及其组合来塑造美、创造美、表现美。"动作美"在体育美学中处于基础地位。"动作美"的特点在于准确、干净、协调、连贯、节奏感强，给人一种完美、无懈可击的感觉。

应特别注意的是，运动技术的创新性是健美操运动技术美的源泉。

（2）体育美学中的"技术美"对健美操运动技术设计与实现起着"导航"作用。健美操是现代体育项目的宠儿，在创编技术动作时应注意其每一个动作的构思，确保技术动作的创新性，以其技术动作的"难、新、美"来适应社会新的发展，进而满足人们对新的美的追求。健美操应根据体育美学的要求，创造自身特有的"技术美"，并在表演时展示出来。其具体要求如下：

1）"动作美"的设计与实现是健美操"技术美"的核心。动作优美是健美操"技术美"的关键。健美操是一项以美取胜的运动，美是体操运动的最高追求，要达到"动作美"，基本动作必须标准、规范。根据健美操竞赛规则，运动员在比赛中必须完成一些特定的、不同类型的难度动作（如：跳跃、踢腿、平衡等）和具有健美操特色的操化动作及基本步法。这些特定动作的选择与完成，不仅是运动员技术动作能力的展示，而且也表现了体育运动美的最高级形式。整套动作编排美观大方是夺冠的关键因素之一。

2）重视塑造运动员的姿态美。姿态美是人体具有造型性因素的静态美和动态美的综合表现，是人体各个部位相互协调所产生的外在形式之美，折射出一个人的气度与气质。优美的体态，即良好的身体姿态，尤其表现为身体活泼、流动的动态美。

要做到健美操的"姿态美"，每个动作都要达到特别的要求，以超难度技巧、独特新颖的编排、舒展大方的动作、各式各样的造型及协调一致的音乐配合等因素将其展示出来。编排健美操时，每个动作、造型的选择一般都要考虑到运动员身体形态，以及运动员做该动作所表现出来的身体姿态。例如，健美操对支撑类动作的要求是：每一次支撑动作都要维持两秒；旋转支撑时必须完整；所有的直角支撑动作，腿部要保持垂直；高锐角支撑，背部要与地面平行；所有水平支撑式的身体不得超过45度的水平。

2. 舞蹈艺术美学给健美操表演的艺术特点和艺术表现力提供了有益借鉴

任何一种舞蹈艺术都是人类物质和精神生活的载体。舞蹈是以人的形体动作为基础表现手段来塑造形象、表情达意的表演艺术。具体地说，舞蹈是以演员的身体动作、姿势、造型等为载体，以身体动作的幅度、力度、角度的变化为艺术语言，表现出人们内心的情感、审美追求和时代精神。

（1）舞蹈艺术的美学特征主要有以下几点：

①动作性、韵律美。舞蹈借助音乐旋律的变化来表达舞者不同的内心情感，并借助音乐的结构来组织舞蹈自身的结构和进程，这样才能跳得有弹性、有情趣、有韵味。

②程式化和虚拟性。舞蹈动作的程式化，是舞蹈发展到较为成熟阶段的产物，它丰富

和提高了舞蹈动作的表现手段，使舞蹈动作显得规范整齐、活泼自然，并较稳定地传达一定的情感意蕴，有助于舞蹈风格的形成。这在古典舞、芭蕾舞中更为明显。

③表演的综合性。舞蹈虽不属于综合艺术，但在表演时也有不少综合性特征。例如，舞蹈动作在短暂停顿时，具有明显的雕塑意义，以至于西方的舞蹈家认为"舞蹈家的任何瞬间都该是雕塑家的模特儿"。舞蹈同音乐更是密不可分的孪生姐妹，舞蹈的节奏常常靠音乐伴奏和指挥。此外，在舞蹈中，造型艺术也必不可少。舞蹈演员的服饰、道具，使舞蹈的形象更具体、鲜明；舞台美术、灯光配备等，对舞蹈表演起烘托气氛的作用。

（2）舞蹈艺术美学为健美操的艺术设计和艺术表现力提供借鉴

从艺术角度上看，健美操与舞蹈艺术美实际上是统一的，是人的本质在实践中的感性显现。舞蹈艺术的概念是指各种舞蹈艺术的总和，通过表演动作创造艺术形象。而健美操的诞生源于人们对健美身体的追求，是体操、舞蹈、音乐逐步结合的产物。

3. 音乐影响健美操动作完成的和谐美，并能同健美操动作一起反映整套健美操的思想内容主题

音乐最善于揭露人类的思想，被称为"诗歌的心理学"。音乐就像是一道光束，能穿透人的心灵，让人感受到他内心的复杂和难以形容的情绪。所以德国音乐家玛克斯说："音乐能重现人的灵魂。"

音乐对健美操的艺术表现有很大的作用，它能影响到健美操动作的协调美，同时也能体现整个健美操的思想内涵。

就健美操的音乐而言，有两种途径：一是依据动作的选择，二是依据音乐创作。然而，无论采取何种形式，健美操都必须以某种形式呈现某种主题，就像一首诗歌、一幅图画一样，能够为观众提供一种特殊的情境，并以音乐与运动相结合的形式呈现。有时候，一组完整的健美操动作都会有自己独特的主题，而音乐则是以运动为基础进行的。比如，以天真活泼、调皮可爱的动作的结合而创制的儿童健美操、中老年健美操，以及在篮球比赛间歇的啦啦队表演，等等。有时候，有氧运动的音乐本身就是一个特定的主题。举例来说，在国内、国际大型体育健美操竞赛中，很多运动员的整套动作都采用了以动物行为、体态为主题的音乐、以神话传说为基础的音乐、展示民俗民风、体现民族特色的音乐。

4. 人体形体美学决定健美操运动员的选材方向和人们参与锻炼的目标追求

人是"万物之灵长，宇宙之精华"。美学认为，作为审美主体的人，人本身又是最美的客体。欣赏身体的美感，在人类的文明史上经历了漫长的过程。它起源于母系社会，当时就有崇拜女性美的艺术作品。不过，在世界各地区、各民族中，对于人体美的观念和标准是各不相同的，并且随着时代的变迁，人们对人体审美的标准也在变化。如在两千年前的古希腊，出于战争、竞技的需要，人们把健壮、强劲的体魄作为男子人体美的标准，甚至把它看作做人的骄傲资本；在我国唐朝，女子以胖和丰满为美。

（1）人体形体美学的标准

什么样的形体才算美呢？人体美学认为主要表现在两个方面：

首先，要形体匀称，比例适宜。达·芬奇在讨论人体各部分的比例时，曾制定一系列标准。比如，人的头部应同胸背部最厚处一样，都是身高的八分之一，肩膀的最宽处应是身高的四分之一，双肩平伸的宽度应等于身长，胸部与肩胛骨应在同一水平上，两眼间的距离应是一只眼的长度，耳朵与鼻子应当长度相等。符合这些比例的人体才是美的。还有人提出上下身的比例，以肚脐为界应符合"黄金分割"才较为标准。这些观点用来作为永恒不变的人体美的标准自然并不合适，因为从时代发展、民族区分等情况看，人体美的标准是形形色色、丰富多变的，不过其大致是符合实际的。再比如，五官端正，发育正常，身材适中，胖瘦合适等，关键在于适宜。培根曾说："我们一定会看得见有些脸面，如果你把他们一部分一部分地观察，你是找不到一点好处的，但是各部分在一起，那些脸面就很好看了。"有的人则正好相反。

（2）人体形体美学对健美操运动员的选材和人们参加健美操锻炼的启示

人体形体美学中所确定的男女人体美的标准，为健美操运动的"外在美"的发展指引了方向，给运动员选材和对表演者的挑选提供了理论依据。同时，也给参加健美操锻炼的人们确立了人体美的追求目标。

事实上，在现代社会生活中，健美操自觉与不自觉地运用艺术和体育手段向人们宣传人体美，展示人体美。健美操是一项介于文艺和体育的边缘项目，也正是由于这个属性，无论是参加者，还是观众，都能从中获得一种心灵上的愉悦。健美操所展示的身体之美，是身体之美与身姿之美的体现，是以客观规律为基础的主体活动，是运动之美凝结的结晶。这促使了人们对身体美的追求，积极、主动地参与到有氧运动中来。

而健美操所追求的身体美，既是自然存在的，又是社会的存在，它必然是自然美和社会美的统一，即体型美、姿势美、动作美和气质美的高度结合。所以，健美操应该是一个综合性的整体美，它所体现的青春活力与动人的魅力是内在美与外在美的结合。

5. 当今人们对社会美的追求

社会美指的是社会生活的美，它直接根源于社会实践。美和真、善有着密切的联系，离开了社会生活实践，社会美就无法存在。社会美的核心是人的美。社会是人组成的，社会只能是人的社会。人，也只有人，才是社会的主体。因此，社会美存在于人自身，存在于他的社会生活、社会关系及社会环境中。人是美的创造者和欣赏者，是审美的主题；人也是美化和欣赏的对象，是审美的客体，是现实世界最美的欣赏对象。人类社会对美的追求是永无止境的，当今社会出现的各种艺术都是人类创造美和欣赏美的结果。不同国家、不同时期、不同民族，追求的社会美也是不一样的，它事实上反映了不同国家或民族追求的美的内容是有差异的，也侧面反映了不同国家、不同时期的社会风气。这就提示我们，健美操作为艺术运动项目也必须遵循社会美的主流，要反映社会美的主题，并创造社会美，引导人们对社会美的追求。

健美操的社会美集中体现在人的思想性格、行为举止方面。当今社会公众人物是最容易被人们效仿的，健美操通过运动员的完美表现以及运动员无可挑剔的身材，激起了人们参与的欲望和热情。健美操的社会美我们可以从以下两个方面来说：

（1）从练习者的观点来看。健美操作为一种时空性的艺术，成为一种特定的审美客体，并由此形成了一种独特的美学形式。健美操的审美是由个体的本能，即参与者对运动技巧的心理感觉而生成，这种感觉不仅体现在审美的过程中，而且体现在审美的创造中，尤其是在创造美的过程中。只有对美的全面理解，才能激发人的心灵之美。健美操是由身体的节奏和精神的结合而成的一项体育活动，参与者必须将所有的情绪都融入形体的动作之中，通过精神来产生美的内涵，从而达到"以身代情，形神俱在"的境界，而这种无声的人体语言，又洋溢着一种生命的热情，使人的身心都获得了前所未有的快感。

（2）以欣赏的眼光来看待。在优美的音乐旋律中，通过复杂难易的动作、线条、音乐、队形、服饰等，使欣赏的人从中得到美的享受。换句话说，客体所传达的美的信息，可以轻易地在受试者的眼中演化，逐步升华，变成一种理想的范例、一种魅力的符号，能引发受试者的精神上的震动，使受试者在一种神圣的美学气氛中，体会到它的美，从而对它的美产生敬畏和爱慕。

6. 人体装扮美学是健美操实现外在美的必然条件

人体装扮美学是研究如何运用美的规律去塑造和装扮人体，使人自身变得更美的一门实用美学门类。俗话说："三分长相，七分打扮。"可见，装扮艺术在人们的日常生活中占据着重要的地位。

（1）人体装扮美学的基本内容及审美标准。人体服饰包含着衣着与穿着。服饰是衣着的艺术，打扮是化妆、美容和装饰的艺术。

①服饰美

衣、食、住、行中，穿衣是人生仅次于吃饭的第二大事。从服饰的发展趋势看，它逐渐由"暖体"发展到今天人们对服饰的美观、漂亮、有魅力的要求，使之给人带来审美的愉悦。

a. 服饰美的流派。目前，世界上对于服饰美的追求主要可分为两大流派，一是抽象派，二是实用派。事实上，它们都是以服饰的审美功能为追求目标的，只不过各自的侧重点不同。一般来说，抽象派比较注重服装的审美观赏性，以追求审美价值为主，要求服饰能超越现实生活，具有一种审美上的超前性。而实用派相对来说较强调服装的实用价值，要求能在社会上流行开来，为人们普遍接受和喜爱。这都充分说明，服饰已经成为人们生活中不可或缺的一部分，在美化生活、提高生活品质等方面扮演着越来越重要的角色。

b. 服饰美的构成要素。穿衣戴帽尽管是人们不同的爱好和习惯，但是，如何穿衣戴帽有很大讲究。穿着得体，就能充分展现出服饰特有的审美内涵，与人的容貌、气质等协调一致，使人不仅具有迷人的外在美，同时也具有富有魅力的内在美。如果穿着不得体，不但不能显示特有的美感，而且还会让人感觉到别扭甚至是俗不可耐。要提高服装的审美功能，必须深入了解服装形式美的各个构成因素。

配色：配色指的就是服饰色彩的合理运用和搭配。这里也涉及色彩的审美特性问题。色彩的重要性在于它能最有效地唤起人的视觉上的美感，是一种具有很强的审美表现功能的自然物质，能够为人们所普遍接受。

色彩的这些不同的审美特性，对于服饰的配色来说非常重要。服饰的配色一定要根据人们不同的年龄、性别、性格、职业等进行。总的来说，服饰的搭配要让人感觉得体、大方，具有一定的和谐的美感。因此，服饰配色应按照美的和谐统一的原则进行。

款式：款式指的是服饰的式样和审美造型因素。服饰的款式是随着社会生活的发展变化而变化的，体现出人们对服饰美的不断追求。如人们经常说的"流行款式"等。

功能：这里的功能主要指的是服饰的审美功能。服饰之所以备受人们的喜爱和重视，除了它具有"蔽体"的实用价值外，还具有如下突出的审美价值和作用：

第一，它能起到扬美与掩丑的作用。扬美就是通过服饰的美来衬托人体的美，使两者的结合相得益彰；掩丑指的是利用服饰来掩盖人体自身的缺陷和不足，从而达到美的效果。

第二，服饰能起到美化环境的作用。

第三，服饰美能充分表现一个人的个性美。

第四，服饰美能起到引导社会的审美潮流的作用。

②化妆与美容

a. 化妆。化妆与美容也是人体装扮的重要构成部分。如果说服饰主要是用来美化人的形体的话，那么化妆和美容则主要是用来美化人的容貌。人的容貌是人体重要的外表器官组合，对于人的整体形象美起着举足轻重的作用。

化妆主要指的是人的面部打扮，通过化妆品来美化人的自然容颜。今天，化妆已成为人们（尤其女性）日常生活中重要的内容，越来越受到人们的青睐。经过化妆后的容颜，能给人以强烈的视觉上的美感。

化妆应主要关注脸部化妆、眼部化妆、唇部化妆和手部化妆几个重要方面。

b. 美容。一般人都将美容与化妆看作一回事，其实二者既有联系，又有区别。从词源学的角度讲，都是指使容貌美丽的意思。但是，美容与化妆也存在着一定的区别：从内涵的范围看，化妆的范围相对狭窄一些，而美容的应用范围要广阔得多；从功能上看，化妆主要起到美化装饰的作用，而美容则不仅仅是美化装饰自我，还具有较明确的医疗目的。

③装饰物

人体的美除了自然形貌以及必要的化妆与美容以外，还离不开装饰物的审美作用。有时，适宜的装饰物能起到画龙点睛的功效。

人体装饰物主要有：头饰（发卡、发网、帽子、头绳等），胸饰（胸针、胸花等），腰饰（腰带等），首饰（耳环、项链、手镯、戒指等），等等。

佩带装饰物也一定要根据佩带者的年龄、性别、着装的色彩风格，进行有针对性的选择，才能对人体美起到锦上添花的作用。

（2）人体装扮美学为健美操表演者对美的设计提供了理论基础。

根据人体服饰审美的基本原则，选择色彩协调、款式新颖、个性鲜明的服饰，配合适当的化妆、美容，搭配独特的装饰，不仅能为运动员、表演者增光添彩，更能彰显其独特的艺术魅力。

从服装美学的角度来看，任何颜色都能带来美，而每个人对颜色的偏好也是不同的，不同的颜色会让人产生不同的心理体验，从而产生不同的联想。健美操选手或表演者应根据年龄、性别特点及表达情感的特定需求，选用不同颜色的服装进行色彩搭配，以传达信息、表达情感、突出个性，为观众提供五颜六色的画面和无限的美好想象。

同时，也要重视精心挑选一件很好的头饰，如：丝巾、头绳、发卡等，以及佩戴彰显个性的腰带，这将会给运动员或表演者起到画龙点睛的效果。

（二）健美操运动的美学特征

如前所述，健美操是体育和艺术相结合，以其独特的艺术魅力，具有体育和艺术的双重属性，是继体育舞蹈、花样滑冰、花样游泳和艺术体操之后，体育和艺术体操的融合。它不但具有健身、陶冶情操的功效，而且具有极高的观赏和审美价值。健美操给人类带来的美，并非单纯地把身体的原始形态表现出来，而是通过科学系统化专门训练的人的躯体，在音乐的伴奏下完成连贯流畅的、富有弹性的动作，以动态的和静态的外在形式所表现出来的美学特征。

（三）健美操运动的审美标准及美的创造与实现

人都是爱美的。爱美是人类的本性，尤其是在新世纪，对美丽的追求更加强烈，尤其是年轻和中年妇女，她们渴望拥有健康和年轻的身体。那么，作为一个观众，该怎样欣赏和享受健美操之美呢？健美操创作者、舞台设计者、运动员、表演者又是怎样创造并实现其美的呢？

1. 健美操的审美标准

（1）健美操美学的主题是"健康即美丽"。现在，人们对健康的追求比以往任何时代都要强烈，在追求身体健康的同时，也在寻求身心的健康。健美操是一种顺应人们对健美体的要求而诞生并发展起来的一种"美"运动。因此，健美操的观众应该将其表现的人的身心美作为其美学的主题。其特点主要有：动作体式舒展大方，刚劲有力，协调性高，衔接流畅，造型健美，能充分反映人的身体健康、健美的体态和活力。而健美操与其他各种舞蹈一样，在整个节目中都包含着某种思想内涵，这就要求所表达的思想内容与时代发展相适应。应该把积极、健康、向上的精神传递给人们。这种精神要通过运动员的面部表情和体力来影响观众，引起观众的共鸣，让他们有一种强烈的渴望参与这项运动。这种有氧运动能使人充满青春的欢乐与热情，激发人们对生命的热爱，形成刻苦学习、充满活力、不断进取的精神。

（2）在健美操的美学思想中，动作与阵型的创新是其核心内容。创新是健美操美学的核心，是健美操的发展之源。因此，在健美操的编排上，要有创意，要有完整的表演；音乐的选取要适当，要有节拍、有个性、有热情；同时，整个动作的力度要适度，动作的语言表达要丰富，衔接要顺畅，场地和空间的使用要充分。团体运动中要有变化的阵型和动态的身体协调。

（3）表演者的表现形式多样、新颖、独特，对健美操的美学要求很高。运动美是健美操的一个突出特征，它打破了静止的美的构架，不断地改变着美的形式，让人们不断地去追求、去探索、去接近、去捕捉。演员的每一个动作都要完美、新颖，并尽量避免重复。根据选手自身的实力，尽可能提高动作的难度，保证动作的流畅。动作的高低、速度、层次、幅度的变化，都能让人感受到惊险、意外、刺激的情感之美。

（4）正确的着装是健美操的美学要求。健美操是一项艺术表演，运动员化妆适宜、衣着得体、灵气十足的配饰都能极大地提高体操的整体观赏性。所以，运动员服装搭配的好坏，会对健美操的整体审美产生很大的影响。体育健美操的服装除了要遵守国际体操的规定之外，还要根据场地、体形、肤色等因素，选用合适、漂亮的比赛服装。

2. 创造与实现健美操美的基本要求

健美操之美的创制与实现是一个系统工程，除了要遵守以上所述的审美原则和技术要求外，还要特别注意以下几个基本的要求：

（1）创编者

①要善于把握时代主题，使创编风格与动作紧跟时代步伐。

艺术起源于社会，又为社会服务，其宗旨在于体现时代的主题。健美操的编创者，其实就是创作者，要善于剖析当下的时代主题，认识当代社会所推崇的观念与行为，了解社会传播的精神何在？人们对美的追求是怎样的？这其实是决定健美操所体现的思想内涵。只有掌握了这些特点，并将其与艺术创作结合起来，才能让整个作品符合时代的要求，满足大众的审美需要，从而达到健美操美的传播

②在创作过程中要充分理解不同客体的审美需要。人的审美需求因年龄、性别、教育程度、职业性质而异。同时，要注意到不同的审美需要，考虑到人的差异，才能真正地达到健美操的美。

（2）表演者

①在演出中，讲究"形"和"神"的高度结合。健美操是一种以艺术表现为主要内容的体育活动，与散文一样，对"形"和"神"相结合的要求也很高。所谓健美操"形"之美，是指运动员身体的外在美，它是由运动员强壮、匀称的身体以及姿态、动作等表现出来的；"神"美是指在健美操的"形"美中凝聚、糅合的内在美、气质美和抽象美，它是由表演者在音乐的伴奏下，结合了健美操的思想内涵、对健美操美的认识、个人的人格魅力、思想境界等综合而成的美。

②注重与受众之间的情感沟通和互动。"情感交流，相互理解"是表达美的最佳方式。现在，只要是表演节目，演员们都很注重与听众沟通，而沟通的方式就是与听众进行交流。这不仅是为了营造现场的氛围，也是艺术家和观众交流思想、传播美的一种行之有效的方式。"眼睛是精神之窗。"所以，健美操要注重与听众的目光交流，要善于运用肢体语言进行思想语言的传达。达到此目的在于，有氧运动的演员能够让听众跟着他一起欢呼、呐喊。这是健美操选手在比赛中得分的重要因素，也是其成功的一个重要特点。

③动作优雅而不落俗套，激情而又不失风度。和前面提到的一样，健美操最突出的特征是动感、激情、充满了旺盛的生命力，这也是人们喜欢健美操的一个主要原因。特别是体育健美操，更能体现当代年轻男女的张扬个性，反映了现代社会的生命力。但是，凡事都要有一个"度"，如果过于夸张、过于张扬，忽略了对技术动作的完美追求，就会使观众的审美感觉受到损害，进而对整体的胜利造成不利的影响。

（3）舞台设计者

①舞台的设计要体现出竞赛或演出的主题。一般来说，每一项健美操竞赛都会有一个特定的主题，而且各个项目的重点也各不相同。因此，作为体育竞技或表演活动的物质载体，舞台的设计也应该突出竞赛的主题。作为一个舞台设计者，必须按照竞赛的主题来选择其设计，从而达到其服务于竞赛主题的目的。

②舞台的布置要与健美操场馆的规范相一致。在正规的健美操竞赛中，竞赛规则有明确的赛场条件。规则上说：健美操场地的面积是 7m×7m（六人操场的面积为 10m×10m），赛台的高度为 100cm~150 cm，后台有遮蔽，赛场面积不能少于 9m×9m，并用 7m×7m 的标志，标志条是宽度为 5cm 的红条，即标志条是场地的一部分。在进行正规有氧运动场馆的设计时，必须严格遵守竞赛规程。

③舞台色彩搭配、装饰风格要结合季节特点、比赛场地、表演场地等因素进行考虑。这其实是对前一个问题的扩展。在设计时，除了要考虑比赛的题材，还要考虑到季节、比赛场地等因素，设计出色彩搭配合理、装饰风格独特的舞台效果，同时还要考虑到日、夜的灯光设计。例如，杭州西湖的春季健美操大赛，其舞台设计要突出春日的勃勃生机与绿色，突出西湖的胜景等。

第四节 "寓乐于体"教育思想

一、提出"寓乐于体"教育思想的背景分析

(一)"新课程标准"改革的必然要求

为了响应"新课程标准"改革的号召，体育教师要不断更新教学理念。除了要向学生传授基本的体育运动技能外，更要让学生饶有兴趣地参与体育运动，促进学生身心的健康发展。在教学实施的过程中，体育教师要以学生的需求为根本出发点，抓住一切教学契机，激发学生主动学习体育课程的热情。使学生由被动学习，变为主动思考、自主活动、自我管理，同时使学生在心理上获得愉快的体验。教师也应充分挖掘自身潜能，真正做到教学相长。

体育教师应充分尊重学生主动学习、探究学习的主体地位，只有这样学生才能获得全面的发展。与此同时，教师也要最大限度地激发自己的主观能动性，为学生树立优秀的学习榜样。

(二)"乐学"成为主旋律

"激发学生的体育兴趣，培养学生的终身体育意识"是我国高校体育教学改革的重要内容。那么，怎样才能激发学生参与运动的积极性？通过对教学目标的可及性、主体性、评价的激励、教学管理的艺术性四个方面的分析，可以使学生的学习热情得到充分的发挥，从而达到教学的最佳效果。

1. 教学目标的可及性

何为教学目标的可及性？简而言之，就是针对各位学生的身体素质，结合体育项目的运动特点，设定学生可以靠自己的努力达到的目标。就拿"引体向上"来说，教师可以把身体条件好的同学提升一级，而对身体素质不好的学生可以将要求降低一个等级，依据学生真实的身体素质状况进行随机教学，最终的目的是让所有的学生都能达成教学目标，并获得自信和提高体育兴趣。

设置的体育目标能让学生通过努力便可达及，那将极大地激发学生学习体育的积极性，并为他们带来自信的体验，进而也将调动他们学习体育的热情和主动性。

2. 教学活动的主体性

尊重学生的主体地位是实现教师主导地位的前提，也是实现学生乐学的必要保障。在教学过程中，教师从学生的实际需求出发，并根据具体的课程内容，在一定程度上满足了

学生的心理和认识的要求，激发了他们的积极性，提高教学效率。

3. 教学评价的激励性

教学评价的最终目的是为学生正确认知自己提供一个科学的评判标准，让学生能够深知自身存在的优势和不足，进而不断地提升自己，最终促进教学目标的达成。"新课程标准"对体育教学的评价重心有所转移，它一改以往单纯关注学生成绩的做法，更加科学地关注学生体验、探究和努力的过程，因而，我们应该充分发挥体育教学评价的激励作用。

4. 教学管理的艺术性

教师只顾单纯地用爱去管理教学，是远远不够的，还应该学会管理的艺术。体育课堂的机动灵活和随意性决定了体育教学课堂上的矛盾冲突的必然性。那么，怎样处理这些矛盾冲突才算得上是明智之举呢？这就需要我们体育教师艺术化地管理体育教学。一旦有矛盾冲突出现，体育教师就能迎刃而解，让体育教学课堂氛围恢复正常。良好的教育环境能使人精神愉快，产生强烈的兴趣，能激发学生的学习积极性，使他们的身心得到全面的发展。

二、实施"寓乐于体"教育思想的意义分析

（一）体育游戏与身体健康

身体的形态健康指人的身体结构、肢体比例、身体姿态等方面具备良好的发展指标。简而言之，即具有健康、优美的体形。身体的功能健康表现在基本活动能力的健康，以及从事体育运动所需的能力的完善，包括速度、力量、耐力、柔韧性、灵敏性、协调性、平衡性和反应能力等方面。

智力是指人对客观世界的感知，对信息的获取、整理和加工，在感知的基础上进行记忆、思维和想象等。智力的健康主要表现在思维敏捷、头脑灵活，具有良好的学习、分析与判断能力等方面。

肌体健康是构建人的发展的物质条件，而智力健康则是构建人的发展的精神条件。在体育游戏过程中，人的身体形态、功能以及人的智力水平都会得到一定程度的提高。

1. 体育游戏与身体形态和功能的发展

体育游戏的内容丰富多彩，形式多样，可以通过多种手段促进青少年的生长发育，培养其正确的身体姿态，发展其基本活动能力，提高身体素质，促进身体的全面发展。

（1）体育游戏与身体形态的健康。良好的身体形态不仅是身体发育完善的标志，而且还能给人以美感。而具有良好体形的人自身也通常能保持一种健康自信的心态，这对于人们生活的各个方面都有着积极的影响。例如，"能看到多高""金鸡独立""膝顶下巴""背后握手"等站姿游戏；"跪姿头碰地""'V'字平衡""左坐右坐"等坐姿游戏以及

"小摇车"等卧姿游戏，这些都可以锻炼身体的肌肉、韧带，改善身体的灵活性和平衡性，增加肌肉的强度，使身体保持健康的状态。

（2）体育游戏与身体功能的健康。学校中的体育游戏常与田径、体操、球类等项目密切配合，经常利用各种运动项目中学生比较熟悉并基本掌握的技术动作来编排游戏，如：田径中的"迎面接力赛""垒球投准"，体操中的"前滚翻接力""双杠支撑前移接力"，以及篮球中的"运球接力赛""投篮赛"等。一方面，这能大大扩充体育游戏的容量，使游戏的内容更加丰富多彩；另一方面，能在游戏过程中检验学生各种基本运动技术的掌握情况。这种形式可以让学生"在乐中学，在学中乐"，既巩固了已学的运动技术，也不断改善和提高了各种体育活动能力。可见，体育游戏为运动技术的逐步完善、运动能力的健康发展提供了一条切实可行、科学有效的途径。

2. 体育游戏与启发智慧

体育游戏不仅能够完善人的身体形态机能，提高人的基本活动能力，它对人类的智能发展起着重要的影响。

其实，许多运动类的体育项目或多或少都带有一定的智商测试成分。如："反口令行动""低头看天""抓手指""扶棒"等，都需要游戏参与者具有机智的反应，具有视觉、运动感觉的敏感性，以及对空间和时间的判断能力，才能快速而准确地完成游戏。此外，体育游戏通常是以对抗、竞赛的形式来进行的。如："冲过封锁线""攻城""齐心协力"等游戏，需要参与者积极地研究战略布局和战术配合。战略、战术的研究和运用，不仅是体力的竞争，也是智慧的较量，这些都必须开动脑筋，启发思维。

（二）体育游戏与健康心理的形成

1. 体育游戏有助于消除或减缓不良的学习情绪

人的情绪状态是衡量其心理健康的重要指标。人生活在错综复杂的社会环境中，经常会产生忧愁、压抑、焦虑、紧张等负面情绪。

"趣味性"是体育游戏最基本的特征。游戏本身的新奇、惊险、激烈、紧张会给参与者带来愉快的情感体验，体育游戏往往自始至终都充满了欢笑。即使像"老鹰抓小鸡""打鸭子""两人三足"这样的传统游戏，也常常让人乐此不疲。在玩游戏的时候，人可以从现实世界中解脱出来。另外，赢得的比赛也能让人们感到骄傲，提高他们的自尊和自信心，从而在心理上实现自己的价值。

所以，参与体育游戏能将个人不快乐的情感与行动从苦恼中解放，获得一种满足感和愉悦感。

2. 体育游戏有利于确立自我概念

自我概念是个人对自身身体、思想、情感等的主观评估，是由很多自我认知构成的，如：我是谁、我追求的、我喜欢的、我不喜欢的。

青少年注重自己的外形、姿态。随着年龄的增长，拥有健美体形的要求与日俱增。对于身体形态不佳的青少年而言，对自己身体表象（身体表象是指头脑中形成的身体图像）的认识，常会伴随不满意、失望甚至自卑等心理体验，以致影响其自我概念的确立。从体育游戏对人的身体健康的影响可知，经常参加体育游戏有利于良好身体姿态的形成，有利于人们，特别是青少年改善及正确形成自身的身体表象。这可以使其克服心理障碍，获得从身体到个体的自尊与自信，并最终完全接纳自己。

3. 体育游戏能培养坚韧的意志品质

意志品质是指坚毅、灵活、自控、勇敢、坚韧、自立等。意志品质不仅体现在战胜困难的同时，也体现在战胜困难的过程中。

体育游戏环境条件丰富多变，组织形式繁多，特别是一些战胜障碍的游戏，诸如体操中的"跳杠追赶""荡越河沟"，田径中的"障碍跑"，足球中的"抢传球"等，这些都需要学生在学习过程中不断地克服各种客观上的困难（例如：困难、障碍等）以及诸如胆怯、畏惧、害羞等的主观方面的困难，以及在克服困难的过程中养成良好的心理品质。由于体育游戏具有"趣味性""竞争性"与"合作性"等特点，通过这种形式来对人的意志品质加以培养，往往能够收到很好的效果。

4. 体育游戏有助于人际交往和沟通

在体育游戏中，一方面，通过接触、合作和竞争，个人之间、个人和集体的关系，集体与集体之间交流更广泛、更频繁，形成了一个小型社会，学生之间可以做到相互包容、尊重信任、团结友爱、鼓励扶持，构建良性的人际关系；另一方面，在游戏要求和规则的束缚下，人与人之间的关系是相对平等的，因此为建立良好的人际关系提供了最佳的平台。

5. 体育游戏有助于学生探索精神与创造性的培养

体育游戏为学生的自由探索提供了平台，有利于学生探索精神的深层次挖掘，激发创造热情。例如，在具体的教学实践过程之中，体育教师可以为学生创设想象和思考空间，让他们想尽一切可以解决问题的办法，这就是创造性的一种表现。这也正是体育教学中特别珍贵的因素，有利于为未来社会的发展培养需要的栋梁之材。

现代社会对现代教育提出了更新的要求，它鼓励开发学生的创造性和探索精神。这就要求体育教师们不再单纯地只向受教育者传达一些基本的体育运动技能，而是教会他们学会学习，只有这样，他们才能成为适应社会发展的合格人才。学会学习、学会生存的核心内容之一是学会发现，学会创造。那么如何培养学生的创造性呢？这成为当今教育界亟待解决的难题之一。大量的实验研究表明，游戏有助于培养学生的创造性和探索精神。

（三）体育游戏对个体社会化的积极作用

1. 体育游戏可以规范道德行为方式，促进价值观内化，培养竞争合作意识

体育游戏是一种规则游戏。游戏规则绝不是游戏制定者随心所欲而定的，它一定是建立在公正和道德判断的基础之上的，游戏规则的制定有助于学生良好行为规范的形成。游戏者在熟悉游戏规则的基础之上，才能养成遵守规则的良好习惯，进而体会社会规范的意义与价值所在，管束自己的社会言行，提高社会道德品质。由此可见，学生对体育游戏规则的遵守与秉承，在一定程度上可以影响其现实生活中的行为规范，因此，我们要注重发挥体育游戏塑造和培养道德行为的价值。

2. 体育游戏可以满足合群需求，促进人际交往，完善个性特征

体育游戏主要以群体性活动为主。游戏群体是学生在家庭之外所接触的一个十分重要的初级群体，是他们进行人际交往、社会互动以及借以学习生活知识和技能并得到个性发展最重要的社会群体之一。学生参加体育游戏活动，增进沟通和了解，不仅可以扩大交友范围，增进学生之间的感情，还有助于拓宽自己的视野，从别的游戏者身上发现另外一个世界。此外，在游戏中产生的良好情绪及其体验，有助于克服他们独立于家庭之外，步入社会所伴随产生的孤独、焦虑、恐惧、内疚和自卑等不良心理。同时，他们比较自然地了解并逐渐形成了尊重、理解、谦让、协商、竞争、合作、共处、互助、信任、宽容、忍让、体谅、荣誉、责任、和谐、公平、公正、自尊、自重、自爱、自信、自强等优秀品质和健康的个性特征，而这一切对他们适应社会竞争、胜任社会角色都有深远的意义。

3. 体育游戏可以促进社会角色的体验，形成自我意识，培养社会化品质

在体育游戏活动过程之中，游戏参与者中的每一个人都扮演着一定的角色，这些角色虽然看似很虚幻，感觉只存在于游戏之中，其实，有的时候也是对现实生活中某些角色的模拟。在游戏中通过扮演不同的角色，有助于他们养成站在别人的角度上看待问题的良好习惯，有助于填补他们对社会不同角色的心理承受和想象空间，有助于培养他们的角色认同感，从而更好地接受社会、适应社会。在社会角色体验中，为使他人能理解自己的表演和行为的真实含义，个体就必须遵循角色的特定规范并按其要求的社会行为模式进行相应的行为表现，这既是角色扮演的前提，又是一种使角色顺利进入社会的保证。

社会角色是完成社会活动必要的社会形式和个人的行为方式，通过在游戏团体活动中的不同角色的扮演，使青少年了解到社会角色是一系列的权利、义务和责任，这些规范和行为方式与他们的社会地位和身份相一致，这种体验十分有助于他们步入社会后成功地履行各种不同角色的职责，同时，他们的社会适应性和个性品质在此过程中也可以得到高度发展。

（四）体育游戏的艺术价值

艺术是从游戏中诞生的。"礼仪源于神圣的游戏比赛，诗源于游戏，而音乐与舞蹈则是纯粹的游戏。"体育游戏也是一种艺术形式。

1. 体育游戏像艺术一样，把所欣赏的意象加以客观化，使它成为具体的情境

游戏意象是由外部世界反射而来的心理阴影，从而形成了特定的环境，在特定的环境中寻求满足的各种需求。例如，小孩骑马游戏的产生，就是小孩子心境在外界所折射出来的影子，以此来得到自己想骑真马的满足。

2. 体育游戏像艺术一样，带有移情作用，把死板的物质看成活跃的生灵

当我们长大成人，面对枯燥的学业和工作，我们往往会想念自己的童年。虽然现实中的世界很糟糕，但玩游戏的时候，那种无忧无虑的感觉，却让他们有一种看到了天堂的感觉。游戏不仅能带来物质上的满足，更能带来精神上的愉悦，这就是游戏的意义。

3. 体育游戏像艺术一样，是用现实世界之外的另一个理想世界来安慰情感

人从呱呱坠地开始就是好动的，凡是不能动的，都终将让人苦恼于此。疾病、老朽之所以被人厌恶，其最大的原因就是它限制了人们动的自由。越自由能动，越让人快乐。当然，现实世界是有限的，它不允许人无限制地自由活动。但是，人们不能接受这一痛苦的事实，非要在有限的活动里创造无限的可能，于是体育游戏诞生了。体育游戏的功能在于帮助人们摆脱现实世界的束缚，享受运动带来的快乐。

第五节 "健康体育"教育思想

一、健康体育的含义

健康不仅仅指无病，还指身体、心理、社会适应和精神健康。因而，新的现代卫生理念已经超越了单纯关注身体健康的限制。在高校体育教学中，应树立全新的健康教育理念，有效地促进大学生的身心健康。通过各种形式、各种媒介，在不知情的情况下，把教师的意图传达到学生身上，让他们在放松、自然的环境下自觉地进行学习，避免了"填鸭式"教学的种种弊端。健康体育注重情感的培养，能够让学生在和谐的人际关系、体育氛围、丰富多彩的体育活动中主动地接受运动的影响，并掌握运动的方式。

二、实施健康体育应处理好的几种关系

（一）处理好教与学的关系

教学是师生的双边活动。教师和学生在健康体育教育中彼此配合，教学相依，共同完

成教学任务和实现培养目标。教师要尊重学生的人格，关心爱护学生，树立起服务育人的思想；学生要从思想感情上认识和体验自己是学习的主人，是国家的希望和未来，要以主人翁的态度对待学习。这样，师生在共同的目标上有了共同语言，就能建立起健康的师生关系，并以此为基础处理好教学中所遇到的各种问题。

（二）处理好"传统教学方式"和"现代教学方式"的关系

不同的教学方法都有自己的特点，有些侧重于技术、技能的传授，以及对学生的行为习惯的控制和训练；有些注重创新能力的培养；有些侧重于个性发展。过去几十年，我国体育教学多采取"命令""练习法"，注重学生身体素质、技术、技能的掌握，对学生个性发展的重视不够。教学方法单一，内容僵化，使学生的个性受到抑制，从而制约着体育教学的全面发展。体育教学应该采用多元、综合的方式，让学生在实践中自觉学习，真正地做主体而非附属，从各个层面都能有效地促进学生的主体性、创造性的发展，使他们的身心得到全面的发展。

（三）处理好常规教学内容与课程建设的关系

传统的体育课主要是跑、跳、投等运动，历来以竞技运动为主要内容。体育教学的课程标准没有从长期的角度来思考，而学生在学习的过程中所掌握的技术知识也很难在未来的教学中得到应用。比如铅球和标枪，虽然可以帮助他们提高体能，但也不可能让他们以后再用铅球和标枪来训练。我们应该根据现实情况，让学生在一定的时限里学习到最宝贵的知识。可以设置体育选项课，增加健美性、健心性、娱乐性、趣味性和高雅性。充分发挥学校现有的教育资源，以促进学生的综合素质发展。

三、学校体育开展心理健康教育的途径

（一）课堂上引导健康心理

体育中学生在情绪高涨、思维活跃、接受能力强的情况下，其可塑性可能达到最大。所以，以体育教学为主要内容的体育课对于提高大学生的心理品质具有独特的作用。在体育教学中，将体育课程与健康的心理学相融合，有利于促进学生的全面发展。当前我国高校大学生的学习现状主要表现为：依赖、任性、娇贵、竞争意识和合作意识差、意志素质差、社会适应性差等。

（二）学校体育应重视学生优良心理品质的培养

鼓励引导学生勇敢地面对自身人格、意志方面的缺陷，比如，以自我为中心、追求安逸、畏惧困难、经受不住挫折、失败等。要从培养的角度出发，使学生充分了解到自

己的学习、事业和前途的重要性，并通过自己的努力和坚韧不拔的精神来达到学习的目的。

(三) 改革体育课考试方法及内容

我国应尽早建立健全的体育健康教育制度。体育教育是人们接触体育的出发点和基本的社会体育活动，应该注重终身体育，让学生终生受益。

从现实情况看，应加强体育教学改革，减少体育竞赛。为了填补高中体育教育的缺憾，使初中与大学之间实现一种合理的衔接与转换。在教学内容和方法上，要充分考虑到学生的兴趣和体育活动的娱乐性。大学二年级开设了选修课程，三年级和四年级开设了选修课程，让学生拥有了完全的自主学习能力。

简化或废除"五个质量标准"的考核，并制定出一套评价方法。体育教学中的体育教学质量评价应该包括学生的身体素质和精神素质。创建学生健康卡。教师对四年在校学生的身体状况进行追踪，把各项指标录入计算机，进行统一的管理。通过与各院、系、学生的沟通，确保学校的健康教育真正落实。

第六节　"终身体育" 教育思想

一、终身体育的概念

终身体育，是一个人终身从事体能训练和运动训练的过程。终身体育运动包含两个基本要素：一是从人生之初到人生之末，通过不断地进行运动，达到人生目标；二是在终身体育理念的指引下，以体系化和整体化的运动目标，在不同时期和不同生活领域内，给人们参与运动的机会。

二、终身体育的形成

终身体育观念的产生除了受到终身教育观的制约之外，还与体育自身功能、社会经济发展、人民的生命活动以及人们的行为习惯等因素有关。终身教育与终身体育运动是以社会发展为先决条件的，其个体发展的出发点是个体怎样顺应时代发展的需求，从而最终实现所有人的教育，其中也包含了终身的体育运动。

了解终身体育，不能只限于某个人参加终身身体锻炼，也不能局限于学校体育阶段，而是随时随地都与终身体育有密切相关的问题。终身体育的范畴包括从胚胎开始，到死亡终结，随时随地都要采取有效的措施保证身体的正常生存与发展。

实现了全民全社会的终身体育，或是终身体育化，人人坚持终身进行身体锻炼，就能达到群众体育的广泛普及与经常化。而群众体育的广泛开展，也使终身体育得到了落实。从一定意义上来理解，群众体育主要强调普及与经常，而终身体育则强调不同年龄的人进行身体锻炼的持续性，两者谈论的角度不同，但最终的目的是一致的。

增强人民体质，提高全民族的素质，是社会主义体育事业的首要任务。因此，群众体育的广泛开展为实现终身体育打下实践基础。终身体育要求一个人始终把身体锻炼作为现代生活中不可缺少的重要内容。所以，一个人在一生中经历各不同的年龄段时，都涉及到如何成为一个全面发展的人的问题，同时也涉及到坚持终身体育的问题。

广泛的群众体育活动，为形成终身体育奠定了实践基础。从发展体育运动，增强人民体质到群众体育经常化和普及化，即对每一个人来讲要如何坚持身体锻炼增强体质的问题。无论是何年龄段、何种职业都面临着对运动项目的选择，以保证自己身体更健康、精力更充沛，以适应社会的发展及未来生活的需要，使自己的一生都充满着欢乐与幸福。

总而言之，终身体育为现代人指出了一条保持健康、提高身体素质的必然道路。多年实践充分证明，只要能够遵照"业余、自愿、小型多样、因地、因时、因人制宜"的群众体育原则，自觉进行锻炼，人人都能成为终身体育者，到那时，我国成为世界强国的目标就能成为现实。

三、终身体育的原则、内容与方法

怎样科学地坚持终身体育，以获得理想的效果，是每一位终身体育者应明确的问题。要想获得良好的锻炼效果，有效地增进健康，必须遵循人体的生理变化规律，了解和掌握一些科学锻炼身体的知识。例如，怎样遵循终身体育的原则，怎样选择锻炼的内容与方法，如何安排锻炼时间、次数和控制运动量，怎样进行自我医务监督，等等。不掌握锻炼的规律而蛮干，不但收不到良好的锻炼效果，相反还有可能造成伤病事故，损害健康。

四、终身体育的内容

有史以来，人类创造的身体锻炼内容十分丰富。为了便于锻炼者选择，一般把身体锻炼的内容做如下分类：

（一）健身运动

健康体育是一种由普通健康人为促进健康、增强体质而进行的体育活动。体育锻炼的目的是发展身体各脏腑的机能，尤其是心脏和呼吸，以及力量、耐力、柔韧、灵敏和速度，提高工作和学习效率，丰富业余生活，延年益寿。

健身运动以有氧代谢为主要内容，对锻炼的控制也比较严格。因为参加人员年龄、性别、健康情况的差异，其教学的内容和方式也不尽相同。青少年常采用各种运动项目，如：田径、体操、球类、游泳、滑冰等。

（二）娱乐体育

娱乐体育运动是指以丰富多彩的形式进行的一种以娱乐为主的运动，以使人们在闲暇之余享受快乐。

娱乐体育能丰富人们的内心世界，有利于身心健康，它适合各年龄段的人进行活动。娱乐体育的内容包括：球类游戏、活动性游戏、季节性娱乐体育、旅游、游园、游艺晚会以及民族形式的体育活动（放风筝、跳皮筋、郊游、狩猎、荡秋千等），以及下棋和观看各种体育比赛等。根据其参与运动时的身体状况，大致可分成以下三类：

（1）观赏的行为。主要是看各类运动比赛。在体育赛事中，人们往往会产生较大的情感波动，从而对身体和心理造成一定的负面作用。

（2）行动比较安静。一些比较安静的事情，比如钓鱼、下棋，主要是陶冶情操。

（3）运动性的活动。这是娱乐体育的主体。

（三）医疗与矫正体育

医疗和矫正体育是一种特殊的运动，目的是治疗身体有缺陷和功能障碍的人。

针对人体存在的某些疾病与障碍，采用体育的手段，达到治疗疾病或纠正某方面的缺陷，使其恢复。但这种身体锻炼必须在医生或专门教师的指导下进行。简单的没有什么危险的这类锻炼内容，可以根据自己的实际情况自行锻炼。

（四）格斗性体育

格斗性体育是一种旨在增强自我防卫和适应环境变化的体能训练。这样的运动不仅可以增强体质，而且具有一定的实际意义。以应用于日常生活与军事需要，对提高对抗能力和自我保护能力有一定的锻炼价值。在选择格斗性体育内容时应明确锻炼目的，并采取安全防护措施，以免发生意外。

格斗性体育的主要内容有擒拿、散打、推手、拳击、武术对练和军事体育中的刺杀、射击等。

（五）探险运动

探险运动是为了锻炼胆量，探求某方面的知识，满足冒险心理和创造奇迹而进行的一种体育活动。探险运动具有一定的危险性，在锻炼中要从实际出发，避免单纯为了追求探险而脱离自身的能力和条件盲目行动。

探险运动的主要内容有：利用气球式或简易的手段越洋、越江与爬山洞或从高处向下飘落，徒步或骑车环球旅行、赴南极考察、攀登高峰、穿越沙漠等。总之，人类为显示自己的能力去征服某个天险而进行的各种探险活动，都可作为探险运动的内容。

选择探险项目进行锻炼时，一定要有充分的准备，特别是从安全的角度出发，要量力而行，不能超越自身的能力去乱闯，以减少不必要的损失。特别是青少年选择危险性的探险项目来锻炼，要有安全防护措施。

第三章 现代体育教学多元化理论基础

第一节 系统理论

系统理论是体育教学设计的一种科学方法。根据系统论的思想和观点，将体育教学过程看作是一个体系。系统理论是对运动课程设计的一种系统的研究。本节从系统的角度对体育教学设计进行了探讨，为体育教学设计开辟了新的思路。

有关专家与学者于1980年开始研究教学设计的模式，其中有四十余种教学设计的范例，并且有相当一部分是运用了该理论的一些观点和见解。因此，在教学设计中，系统理论受到了越来越多的关注。系统理论为人类更好地理解事物的本质和揭示物质的运动规律提供了基础。系统论把整个自然看成是一个体系，所有事物都是以某种结构构成的、有相对作用的体系，而整个大自然则是一个由各种层级构成的开放式体系，永远处于一种不会停止的运动中。从这些基本的角度来看，可以更具体地解释现实世界的本质关系。对体育教学设计体系和各个环节进行系统的研究，具有一定的方法论意义。本节认为，以下系统理论的基本思想和观点对于体育教学设计体系的研究具有十分重要的意义。

一、系统的含义及分类

系统论认为，世间万物都是以不同体系的形式存在。一切事物、现象、过程，都是自成一体的。系统是什么？"系统"这个单词来源于希腊，意思是一个群体或者一个集合。系统论的奠基者、美籍奥地利生物学家贝塔朗菲认为，系统是一个"相互影响的因素的组合"。通常的观点是："一个体系是一个由彼此之间的有机联系构成的整体，它可以实现某种特殊的作用。"

因其分类的标准不同，其划分方法也不尽相同。①按系统构成的内容，可以把系统分为物质系统、社会系统等；②按产生原因的不同，可以把系统分为自然系统和人工系统；③按系统的形态或按其复杂程度划分，系统可分为小型系统、中型系统等；④按系统和时间之间的关系，可以把系统分为静态系统和动态系统；⑤按系统和环境之间的关系，可以把系统分为封闭系统和开放系统；⑥按功能划分，系统可分为控制系统、封闭系统等。

二、体育教学系统的构成

体育教学是一个与大的教育体系相联系的体系。体育教学系统是由学生、教师、教学内容、教学方法、教学媒体等因素共同组成的。

（一）学生

体育教学中的主体是学生，如果缺少了这些因素，教学就会丧失其目标，成为一种毫无意义的活动。在教学对象中，以学生为主体，包括了运动知识、运动方法、智力、身体素质、运动技能、社会适应能力，以及主观努力的因素。在《体育与健康》六大层次目标的教学体系中，学生群体具有共性和特殊性。

（二）体育教师

体育教师是一名教育工作者，如果缺少了这些因素，就没有人去教，就不可能形成体育教学活动，也不可能形成体育教学的双边关系。体育教师是一名"教授"，包含了体育知识、体育方法和传播媒介的能力，以及"主观努力"的因素。对体育教师群体而言，既有领导、骨干、助手等因素，也有老年、中年、青年等因素。

（三）体育教学内容

体育教学是体育教育的内容，是体育健康知识、体育健身的方法、体育技术体系以教科书形式呈现。没有了这一要素，体育教师就不知道该教些什么，学生也不知道该学些什么。

体育教学活动的各个方面都存在着许多因素。从体育教学的内容上看，不仅包括了体育与健康知识、技能的教学内容，还包括了培养学生智能、提高其社会适应性、提高其运动情绪的因素；在与学生的关系中，它包含了已知的和未知的，既有已掌握的体育技能，也有尚待开发的体育技能。

（四）体育教学方法

体育教学法是指师生在实现体育教学目标时所采取的各种手段、程序的总和。

从宏观上看，体育教育的一般途径是：通过语言的间接体验、通过直观的方式来获取直接的体验，在实践中形成技能和技巧的教学方式。三种主要的方法都包括一套特定的方法。语言教学法主要有讲解法、口令法、指示法等。直观的教学方法有动作演示、教学工具和模型演示、多媒体演示阻力和助推力、定向和领先等。训练方法有持续训练、重复训练、间歇训练、游戏训练、竞赛训练、循环训练。在体育教学法系统中，各种不同的教学方法对提高体育教学质量都有着特殊的效果和应用价值。但是，没有哪一种方法能够解决所有的问题，教师必须掌握多种常见的体育教学方法的特点、功能、适用范围、适用条件、存在的问题，从而使其在体育教学中得到充分的应用。

（五）体育教学媒体

体育教学媒介是教师与学生进行信息交流的载体。体育教学活动是教师与学生之间信息的交流与处理，如果没有媒介（如：言语、文字、视觉形象等），就不能进行信息交流和正常的体育教学。

除了语言、文字、动作等视觉元素，体育教学媒介还包括图像、模型、电影、电视、视频、计算机模拟等实物元素。

三、系统的特性

（一）集合性

每一种制度都是一个有组织的整体，是一种单一的总和。在一个体系中，其组成成分是一个构成要素，而整个体系则是一个由不同要素所组成的整体。

（二）整体性

系统是两个以上可以彼此区分开来的元素，根据整个体系应该具备的综合能力来组成。尽管组成体系的每个元素都有着各自的作用，但是它们都是在符合逻辑一致性的需求下形成的一个完整的体系。系统并不是单一元素的集合，不然就没有一个具体的作用。所以，尽管这些元素不完全，但是可以组成一个功能很好的体系；反之，就算各方面的因素再完美，若没有发挥出很好的作用，也就不是完美的系统。系统的作用要超过各个因素的总和。

（三）相关性

在这个系统中，各个因素相互联系、相互影响，并存在着一定的相互依存的特殊联系。体育教学过程中，教师、学生、课程、教材、教学手段等都是体育教学过程中的重要组成部分，这些因素相互关联，形成体育教学的过程系统。

（四）目的性

任何一个系统，都是以特定的方式，以实现某一具体的工作为目的。例如，体育教学的设计目标是寻求最优的体育教学，以达到最优的体育教学效果，提高体育教学的质量，让学生掌握更多的体育知识和技术，从而极大地促进体育教育的发展。

（五）环境适应性

环境是指对一个系统的本质和行为产生影响的东西，要让一个生命系统有活力，就必须要有一个系统和环境的互动。这就是一个系统和外界环境的互动关系，它必须对不断变化的外部环境进行调整。环境与系统的关系主要有两个方面：其一是环境为系统提供了一定的物质和能量要素（例如信息），这些因素对系统的本质有很大的影响；其二是由于环境因素的制约，使得系统的移动变得容易。

四、体育教学系统的特性

体育教学系统是以人的集合为主，又包括了信息和媒体的复杂系统。它既有复杂系统的共同特性，又有体育教学活动本身的特性，具体表现为：

（一）相关性和整体性

体育教学系统不是各要素的简单集合。构成体育教学系统的各个要素并非彼此独立，它们之间有着紧密的联系，以实现其基本功能。例如，体育教师是体育知识技能和体育锻炼方法的传授者、体育教学活动的组织者和学生学习的引导者，离开了体育教师，学生就只能是自学者。同样，没有学生，体育教师就失去了特定的施教对象，变成了一般的传播者。在体育教学中，体育教学内容是体育教师教和学生学的客观依据，要借助于某些体育教学方法和体育教学媒体来传播。体育教学方法和教学媒体更是相辅相成、互为依托的。这五个要素相互有机地关联在一起，使体育教学系统保持了本身的质的规定性。体育教学系统具有的整体水平的功能是其各个组成部分所没有的。

（二）目的性和控制性

由密切相关的各要素构成的体育教学系统是围绕着体育与健康课程目标运行的。它的目的在于将体育和健康的科学文化知识传授给学生，使他们能够掌握运动的方式，从而使他们的身心得到充分的发展。明确了体育教学目标，促进了体育教学系统的有序运行，使得所有进入体育教学系统的要素都有一个统一的运动方向，从而达到其预定的功能。同时，要达到体育教学体系的预定目标，必须建立起一种协同的调控机制，因为一个系统要获得所需要的功能，维持正常运行，必须对各要素进行控制。控制的基本条件是反馈，在体育教学系统中，通过体育教学评价为系统运行提供反馈信息，使体育教学系统做到有效的控制，达到预期的目的。

（三）复杂性和开放性

体育教学系统的构成要素众多，各要素在不同程度上具有不确定性，相互之间的关系又纵横交错。以体育教师和学生这两个主体要素为例，其教与学的效果取决于各自的传播沟通技巧、知识、技能、身体素质水平、教与学的态度、健康状况、社会和文化背景等。体育教学目标、教学内容、教学原则、教学方法、教学媒体等都是它们相互影响的重要因素。由于体育教学是在体育场馆内进行，其运作环境较为复杂，因而其结构与运作过程也较为复杂。体育教学系统的组成与运作受到社会政治、经济、科技、文化、教育等因素的制约，同时又对这些社会因素产生反作用，而且体育与健康课程又与全面健身、竞技体育有着密不可分的关系。因此，体育教学系统又是一个开放的系统。

（四）成长性和动态性

随着社会发展的日新月异，它对人才培养质量的要求也越来越高。反映到体育教育上，就需要有高水平的体育师资，有适应社会发展的体育教学内容，有体现科技水平的体育教学媒体。在体育教学系统中，体育师资水平的不断提高，学生学习和发展的不断进步，体育教学内容的不断更新，体育教学媒体的不断多样化，说明了体育教学系统具有高度的成长性。实际上这也反映了体育教学系统动态的特性。

体育教学是一项既是独立的，又是一个子系统的社会实践。所以，要使"低耗高效"的体育课程达到最好的教学效果，就必须在系统的指导下，设计出高质量的体育课程。从系统的角度来看，既要将体育教学过程看作一个体系，又要将教学设计看作是一个体系。按照系统论的思路和方法，体育教学设计将整个设计活动划分为三大部分：体育教学设计的背景分析、体育教学设计的设计过程、体育教学设计的评估。这三个环节之间结构严谨，关系密切，共同构成了体育教学设计的系统。同时，每一个环节又包含了不同的要素，如：体育教学设计的背景分析主要包括体育与健康课程目标体系的解析、体育教材内容的分析、学生学习需要的分析、学生分析和学习环境的分析，它们之间相互联系，共同成为体育教学设计的前提和基础；体育教学设计的评价包括形成性评价和总结性评价两个方面，通过对体育教学的反馈和校正，对体育教学的设计起到了很好的保证作用。

体育教学设计是一种由多种教学因素共同作用、相互制约的复杂体系。所以，在对体育教学设计的过程进行分析的基础上，应对其结构、功能、特点进行分析，并对其功能进行综合了解。深入了解各要素之间的关系，并通过严密分析和精心策划，充分发挥各要素对体育教学设计的良性作用，才能设计出高质量的体育教学方案。

第二节　传播学理论

传播是把消息从一个地方传递到另外一个地方。传播是对信息传播的过程、结构与形式、功能和作用的研究。由于体育教学是一种信息传递的过程，因此，传播理论对体育教学的设计有着重大的影响。运动传播理论揭示了运动过程中各个因素的动态联系与关系，并对其在运动中的传播过程进行了描述，从而为体育设计人员在运动设计中的应用提供了一定的理论依据。

一、信息的定义及信息的传递

在我们的日常生活中，我们对信息的认识主要有三个：一是把它当作交流的信息；二是作为一种计算的内涵；三是它是人的知觉之源。通常来说，信息是一种成分，它能反映出一个客观世界里的不同的特性和不同的变化。在信息的传输方面，美国传播学科创始人威尔伯·施拉姆已经给出了如何传达和接受有意义的信号模型。

这种模型包含四个基本元素：信息发送者、信号源、信息通道、信息接收者。首先，发件人是利用多种媒介，利用语言、手势、表情、语调等手段来传递信息，其中包括文化、经历、态度、能力等。接收到的消息并非全部都能被收件人接收。所以，传输的信息要以一定的方式进行编码，而这些编码后的信息就会经由传递渠道传输。在传播过程中，音波是听力的渠道，而在传播中则是可视的。如何利用什么样的信息来传递新闻，以达到最好的效果，这是体育教学设计人员在选择媒介时要注意的问题。

二、信号的形式及结构

信号的形态与构造直接关系到信号的接收，在此应考虑信号的组织、语言的功能以及信号的特点。大部分的信息都是由文字或句子构成，因此，语言是构成信号的最重要要素。语言是一种组织信号的结构形式，人类可以通过它来编码、组织、译出信号。

信息传递的另外一个重要因素是信息的组织。那些有序、结构和图式丰富、相互之间关系密切的信息容易被记住和提取，而杂乱无章的信息往往因为结构的缺失而被人们所忽略。在此，我们也要注意到，信号的传输速度对负载的影响。迅速传送的信息会使受话人承受更大的信息负荷。人们普遍认为，接收方对信号的控制程度愈高，其传播效果愈佳。

三、传播的背景

按照国外有关学者专家的看法把传播的背景分为四种，分别是个人、团体、机构和大众传媒。个体间的沟通有人际关系、需求等原因。在群体交流环境下，体育教学具有三个特点：相互依赖、目的性强、传播形式密集。由此，可以对团队间的相互传播进行分析。要想影响到组织的沟通状态，就必须要知道组织的沟通方式和有影响力的管理人员。大众传播具有单向、快捷的特点，信息接受者可以对接收的信号进行控制，上述知识有助于体育教学的设计。

在此基础上，我们对传播理论的一些基本理念和看法进行了总结，并将其运用到体育教学设计中。第一部分，运用传播学的一些特定的方法来进行体育教学设计。比如，分析学生的目的在于理解学生的经验、兴趣、动机等。为了让信息发送方（体育教师）明白，接受信息的人（学生）已经获得了什么体验。在交流方式中，反馈的目的在于理解信息接受方（学生）对所发送的信息的理解和收到的结果。同时，体育教学的设计还应通过反馈，不断地了解学生的需求，从而对体育教学的信息进行调整，达到更好的效果。第二部分，传媒理论非常注重对传媒的分析与选取，而不同媒介对传媒的影响也会有所不同。在体育课程的设计中，应充分考虑到对体育教学媒介的分析与选取，而在体育教学中，哪些渠道可以更好地了解体育教学，哪些渠道更能促进体育教学的效率与效果。运用传播理论，可以对体育教学设计人员进行科学的研究，从而有效地提升学生对体育教育的了解与接受。

四、传播理论对体育教学设计理论支持的体现

（一）传播过程的理论模型说明了体育教学传播过程所涉及的要素

美国政治学家、传播学四大奠基人之一的哈罗德·拉斯韦尔在 1948 年进行了补充，清楚地描绘了"5W"基本要素和直线传播方式。运用"5W"公式分析体育教学传播活动，可以看到体育教学过程也涉及到这些类似的要素。

表 3-1　5W 传播过程的理论模型与体育教学传播过程所涉及的要素

5W	体育教学传播过程涉及的要素
Who（谁）	体育教师或其他教学信息源
Say What（说什么）	体育教学内容
In Which Channel（通过什么渠道）	体育教学媒体
To Whom（对谁）	体育教学对象
With What Effect（产生什么效果）	体育教学效果

布雷多克以"5 W"方程为依据，于 1958 年推出了"7 W"模式。在体育教育中，教师通过语言、动作、手势等各种形式，利用体育运动项目、场地、器材、多媒体等手段，在运动场馆、教室和野外向学生介绍体育与健康的五个专业领域，使学生了解到体育与健康的相关的知识，掌握体育运动的方式和技巧，培养体育良好习惯，从而达到身体和心理的全面发展。

表 3-2　7W 传播过程的理论模型与体育教学传播过程所涉及的要素

7W	体育教学传播过程涉及的要素
Who（谁）	体育教师或其他教学信息源
Says What（说什么）	体育教学内容
In Which Channel（通过什么渠道）	体育教学媒体

7W	体育教学传播过程涉及的要素
To Whom（对谁）	体育教学对象
With What Effect（产生什么效果）	体育教学效果
Why（为什么）	体育教学目的
Where（在什么情况下）	体育教学环境

在此观点的指导下，体育教学的传播过程被视为一个完整的整体，以确保最优的体育教学效果（信息源—体育教师、信息—体育教学内容、通道—媒体、接受者—学生）及其复杂的制约因素，又对各要素间的本质联系给予关注。在诸多要素之间存在着互动关系、互相约束的动力作用下，采用系统化的方式，探讨了影响运动传播的实际原因，并最终制订出有效的教学计划。

（二）传播理论指出了体育教学过程的双向性

奥斯古德和施拉姆所提出的模型突出了传播者与接受者都是主动沟通的主体。在这种情况下，接受信息的人不但要接受信息、解释信息，而且要回应信息。这表明了传播是一个双向的交互过程，通过这种反馈机制，可以实现一个持续的信息传递。体育教学信息的传递也是通过师生之间的交流活动来完成的，因此，在教学过程设计中，应注重对教学内容的分析与组织，并充分运用反馈信息，及时地进行调节和调控，以达到预期的教学目的。

从总体上看，传播理论对于体育教学设计的理论与实践具有如下几点启示：

1. 传播过程的模型说明了体育教学传播过程所涉及的要素

哈罗德·拉斯维尔于1932年提出并于1948年加以完善的"5 W"公式，清楚地阐述了五个基本要素和直线传播方式，因此，在体育教学过程中，体育教学问题的设计人员对其应进行关注、分析和考虑。

2. 传播理论揭示出体育教学过程中各种要素之间动态的相互联系，并告知体育教学过程是一个复杂动态的传播过程

贝尔洛在拉斯维尔的研究中所建立的 SMCR 模式，更加清晰和生动地阐述了信息传递的最后结果并不取决于某个环节，而在于构成信息的来源、信息、渠道和接受方四要素及其相互影响的结果。

在信息要素方面，信息内容、信息要素以及信息处理、结构安排和编码方法都会对信息的最终结果产生一定的影响。通过对受众的感知渠道分析，媒介的选择及其与受众之间的关系也会对受众的感知产生不同的刺激，进而对受众的传播产生一定的负面效应。在此背景下，我们将体育教学的传递过程视为一个完整的整体，它不仅要注重各个要素（信息

源—教师、信息—教学内容、渠道—媒体、受者—学生）和各种制约因素，同时对各个要素之间的本质联系给予关注，并运用系统方法在众多因素相互联系、相互制约的动态过程中探寻影响到运动教学传播效果的因素，从而最终制定有效的教学设计。

3. 传播理论指出了体育教学过程的双向性

奥斯古德和施拉姆于 1954 所提的 SMCR 传播模式也同样突出了传递人和接收人都是主动的客体，接受信息、解释信息、回应信息，这是一个双向交互的过程。所以，这种新的信息传递模式的关键在于信息传递中构建的回馈机制。因此，在体育教学中，应注重对教与学的结合，并充分运用反馈的信息，及时地进行调节和调控，从而达到体育教育的目的。当前，有关信息传递的三向性（信息的传递和接收、学生的反馈信息、接受和接受结果信息）也是基于"双向"的信息传递。

4. 传播过程要素构成体育教学设计过程

它的相关领域包括：内容分析、受众分析、媒体分析、效果分析等，对体育教学的学习内容分析、学生分析、体育教学媒体的选取、体育教学评估等各个方面都有一定的借鉴作用。当前，我国的传播理论正在不断地发展，它的新的研究成果将会为我国的体育教学设计带来更多的新的活力，从而推动我国的体育教学设计更快更好地发展。

表 3-3　传播过程要素与体育教学设计过程要素

传播过程要素	体育教学设计过程要素
为了什么目的	体育学习需要分析
传递什么内容	体育学习内容分析
由谁传递	体育教师、体育教学资源的可行性
向谁传递	学生（教学对象）分析
如何传递	体育教学策略选择
在哪里传递	体育教学环境分析
传递效果如何	体育教学评价

第三节　学习理论

学习理论是一种心理学的理论，它研究了人的学习性质和形成机理，它的目标就是使学生能够更好地进行运动。体育教学设计应针对学生的学习需求，为学生确定体育教学目标、制定体育教学战略、选择体育媒体、设计体育教学实施方案等，以促进学生对运动的认识和对体育教学质量的改善。要达到这一目的，必须有学习理论的支撑。与其他一些理论相比，学习理论在体育教学中的作用更大。

一、学习的内涵

"学习"是学习心理学中的一种概念,它的含义和我们平时对它的认识是不同的。我们通常认为,学习是一个普遍意义上的提高,而在学习理论中,学习是一个普遍的概念,它是由经验引起的生物体的行为改变。内部的改变与外在的表现有时是一致的,有时又不是完全一致的,要想正确地预测内部的改变,就需要进行大量的观察和测量。从两个不同的学习定义出发,我们可以总结出以下三种主要的学习观念:

1. 学习是指学生在实践中产生的一种改变。这些改变体现在不同的学习方式上,如:形成一定的运动技巧(学习打乒乓球)、掌握某些态度(喜爱观看篮球比赛)以及增强认知(制订一套自己的训练方案)。这种改变本质上是一个人的内在能力或趋向发生了改变。

2. 一个学生的某些改变应该是通过学习而获得的,不是先天的反应倾向或自然成熟导致的。在一个较长的学习期内,学生身上会有许多变化,有些变化不是单纯由后天经验引起的,也有生理成熟的作用,如:幼儿从不会走路到会走路,从不会跳到会跳,外在行为的变化是巨大的,但这些变化具有练习的作用,也包含了幼儿骨骼发育成熟的作用。

3. 学生的某种变化必须能够保持一定的时期。人们因疲劳的消除、药物的作用以及生理上的适应而引起的变化只能保持很短的时间,这不能归因于学习的结果。

二、学习理论的功能

学习理论具有以下几个方面的功能:

1. 学习理论为研究者提供了学习领域的知识,并对其进行了深入的分析和探索。学习理论主要阐述了学习中的哪些问题是值得研究和讨论的;哪些自变量应受到控制,哪些因变量应予以分析;可以选用何种方法和技术;等等。简而言之,学习理论是人们对学习问题进行科学研究的指南。

2. 学习理论将大量关于学习规律的知识进行总结,使之更加系统化、条理化、标准化,从而更好地为学生所用。

3. 学习理论要对学习的产生、发展进行解释,并阐明为何有些人的学习会取得很好的结果,而有些人却没有得到很好的结果。

学习法则告诉我们的是"应该如何"学习,而学习理论则揭示了"为什么"要这样学习,而不要那样学习的原因。学习理论阐述了学习的基本规律,而体育教学设计必须遵循学习的基本规律,才能有效地创设学习情境,科学地促进学生的学习。所以,体育教学设计必须建立在学习理论基础之上。

三、现代学习理论的三大学派

学习论的三个主要流派分别是行为主义、认知主义和人文主义，他们在学习的本质、过程、规律以及与学生的心理发展之间的联系上存在着差异：行为主义学习理论注重学习的激励与反馈的联系，提倡行为的加强与模仿，从而使行为发生变化；而认知理论认为，学习是建构和整理的一个过程，注重整体和发展；以人为中心的学习论认为，学习是人的潜能和实现人的生命的过程，需要学生愉快地、创造性地学习。

（一）行为主义学习理论的斯金纳程序教学为体育教学设计的程序提供依据

从最初的以程序学习为主的程序教学，到后来的注重分析学生的作业、分析学生行为的目的、教科书的逻辑次序，再到思考整个教学的复杂性，制定最佳的教学战略和最后的评估，使得程序教学更加具有逻辑性。体育教学设计的基本思路是分析、设计和评价体育教育系统。所以，从程序教学的设计入手，程序是体育教学设计的实施依据。

（二）认知主义学习理论为体育教学设计提供科学依据

布鲁纳是美国现代认知心理学的重要代表，他把学习看作是对认知结构进行重组的一种方式，即把具有内在逻辑的课本与学生的固有的认知结构相结合，和新的知识相互影响，从而使新的知识在大脑中得到新的含义。同时，他还提出了同化、结构化、程序化、加强等原则，并积极提倡"探索"，使其能更好地寻求和获取知识。本节认为，在体育教学中应注重对学生的特点进行研究，把他们的知识、技巧、认知结构等视为出发点；应注重对教学内容的全面剖析，注重教学内容知识、技能结构与学生的认知结构的协调，确保新知识与技能的吸收与再建构的顺畅进行；体育教学的教学模式、教学方法、教学手段的制定以及体育教学媒介的选用，是确保体育教学中的主体活动和提高教学效果的重要因素。

（三）人本主义学习理论为体育教学设计提供支持

在体育教学设计中，应注重对学生的学习需求进行分析，并结合学生的实际需求进行设计，以提高学生的身体素质，从而达到提高自身素质的目的。要着重分析体育教材内容，选择和创设与学生的生活、经验、兴趣、发展及与现代社会实际相关的体育教材内容；要注意体育教学策略和体育教学过程的设计，使学生在教师引导下愉悦地学会学习，并培养学生对体育学习的积极情感和良好动机。

总之，体育教学设计的目的是促进学生更有效地进行体育与健康知识和技能的学习。体育教学设计必须充分研究学生的体育学习，即分析学生的学习需要、学生特征和体育教材内容，然后制定体育教学目标、研究体育教学策略、选择体育教学媒体。

第四节　教学理论

教学理论是研究教学本质和一般规律的科学。教学的本质和普遍性是指教育过程和结果之间的内在联系。它根据规律的认知，决定了不同的教学条件和最优学习方式。教学的社会职能是传授人类历史发展中积累的社会经验，它不能不受到社会背景规定的目的和任务的制约。传授什么、如何传授以及最后在学生身上形成什么样的品质等，这些都是教学理论的核心问题。

一、教学理论的发展

从古代到现代，再到现代教育理论的发展，为我国的体育教学设计提供了丰富的科学基础。教学理论的研究领域涵盖了教学的基本原则（包括教学的地位和作用、教学目标与任务、教学过程的性质和规律）、教学内容（课程和教材）、教学方法（方法、手段、组织形式）、教学评价等方面，其研究成果极为丰富。从教学方法、教学活动程序、教学组织方式、教学评估等各个方面，汲取了不同教学理念的精华，并综合运用于教学活动中，确保了教学活动的顺利进行。

我国教育学的历史悠久，孔孟的教育思想至今仍然对我们的教育方法和教育的关系产生了很大的影响。西方教育理论的发展是世界上最早的，其发展经历了萌芽期、近代形成期、现代发展期三个阶段。

二、教学理论研究的范畴

将教学理论的研究对象具体化，大体由以下几类组成：

1. 对教学价值、教学目的的确定以及与教学活动的关系。

2. 对教学实质的考察，揭示教学过程中的要素、结构和客观规律。

3. 对教学内容进行研究，探讨教学内容与社会、教师、学生之间的相互制约，揭示教学内容的形成、变化与更新的机理，探讨课程与教材的正确选用与安排的原则与要求。

4. 对教学模式、教学原则、教学组织方式的研究，对教学的方式进行研究，制定教学活动的标准和要求。

5. 对教学评价进行研究，探索评价的标准、要求和手段，为教师在教学活动中的调节、保障和改进提供了一套可靠的反馈机制。

三、教学理论与体育教学设计的关系

体育教学设计是以教学理论和学习理论为指导，运用系统化的思维方法来解决体育教学问题。所以，在体育教学中，教师指导思想是最直观的理论源泉。现代教育的发展，为我国的体育教育规划工作奠定了坚实的基础。

体育教学设计的指导思想、体育教学内容的确定、学生的学习需求的分析、体育教学目的的设计、体育教学活动的实施、组织的实施、教学媒体的实施、体育教学的实施以及体育教学的评估，都在汲取各种教学理论的精髓，并将其应用于教学的实践之中。体育教学设计是建立在教育理论和实践相结合的基础上的。同时，体育教学设计的出现也是教育理论的发展与完善，它为体育教学设计的系统化进程奠定了坚实的基础。因此，以教学理论为依据的体育教学设计，可以为提高和完善教学理论创造条件。

第五节　生理学理论基础

一、青少年生长发育的规律

青少年成长的基本规律有身体形态、生理机能和身体素质等几个方面，它们互相依存、互相影响、互相制约。人体的生长发育虽然是一个连续、统一、逐渐完善的过程，但是青少年的身体形态随着年龄的增长而变化，在各个年龄阶段，生长发育的速度并非匀速直线上升，而是具有一定的阶段性和波浪性的特点。青少年儿童的身体机能发展和完善表现在神经系统、骨骼肌肉系统、呼吸系统以及心血管系统的功能变化上，各个系统的功能和特点都会随着青少年发育的不同阶段呈现出较大的差异。身体素质的发展随着年龄的增长而变化，表现出明显的年龄特征和性别差异。

体育教学是以学生的体能锻炼为主体，以学生的健康为中心，以提高学生的体质为目标，旨在培养学生的和谐、全面的发展。体育教学设计的目的在于充分发挥体育教学对促进学生生长发育、提高学生身体机能、增强学生体能的作用。所以，在进行体育教学计划的制订时，要充分认识到教学目标的生长发育规律、机体的功能特性和各年龄段的体质特点。体育教学目标的合理、体育教学内容的多样化、体育教学的有效实施。因此，在体育教学设计中，应严格遵守学生的成长规律，注意其对体育教学的积极作用与制约。只有如此，才能使体育课程的理念得到切实的贯彻，有效地完成课程的目标与任务。

二、动作技能形成的规律

动作技能是指根据特定技术条件，经过训练获得的快速、精确、流畅和熟练的运动能力。运动技能还包括在适当的时间和空间内恰当地使用自己的肌肉，也就是说，在大脑皮层的支配下，肌肉的协调。根据条件反射理论，动作技能的形成是一个由简单到复杂的过程，其本质是在大脑皮层建立临时的神经联结，并具有周期性的改变和发展的生理学规律。动作技能的形成是一个连续的、渐进的过程，其过程可以划分为泛化、分化、巩固和自动的过程。

动作技能是实现其他领域学习目标的重要途径。在我国的体育教学中，运动技能的教学仍然是重中之重。体育教学设计中，体育技能的生成规律对制定体育教学目标，制定体育教学策略，组织、实施体育教学活动等起着重要作用。只有严格按照动作技能的形成规律，才能制定出正确的学习目标，设计出具有针对性的、实用性强的教学方法和手段，使体育教学过程得到有效的实施和控制。因此，在体育教学设计中，应遵循动作技术的生成法则。

三、学生身体机能适应规律

适应是生物内部和外部环境之间的一种持续的平衡。在一般条件下，人体各个器官的活动是相互制约、协调的，达到了一个相对平衡的水平。人体的生命存在和功能的正常运转都离不开这种相对的平衡。在外部环境改变时，人体内环境的相对平衡被打破，身体的各项机能必须进行相应的调节，以保持内部和外部的相对平衡。在体育教学中，学生的生理功能适应规律是指在进行体育教学和运动的过程中，学生的机体会发生一系列的生理和心理变化，这些变化会随着体育教学和运动的不断进行积累，从而使机体适应能力不断增强。

第四章 现代体育教学的影响因素

第一节 高校体育教学的思想因素

一、不同理论对我国体育教学思想的影响

（一）现代人本主义教学理论对我国体育教学思想的影响

1. 现代人本主义教学理论概述

社会、科技的不断进步影响了人们的生活。人们的生活进入一个现代化的生活阶段，各种新的科学技术和产品在人们的日常生活中发挥着越来越重要的作用。

现代人本主义强调，应将人类从科技中解放出来，恢复人在世界中的本体地位，而非依附于科技发展。

现代人本主义理论在体育教育领域表现出以下特征：

（1）教育应促进自我实现

现代人本主义理论认为，教育应重视对人性的发掘和培养，通过教育，应该将学生培养成一个全面发展的人，并不断地提高自己的能力，挑战自我。

首先，人本主义强调教育应促进学生人格的完整。人的学习是认知和情感的共同发展，教育，就是要促进人的认知与情感的丰富、提高。

其次，人本主义强调教育应促进个体的创造能力的发展。通过教育，提高学生的创造意识、提高学生的创造能力，应促进个体对自我创造能力的开发与发展，提高创造、创新能力。

（2）教育应尊重学生情感体验

现代人本主义认为，在体育教育教学实践过程中，体育教师应重视学生的情感意识的发展，通过对良好教学环境的建设，促进学生的情感体验的丰富。

通过体育教育完善学生个性，是使其更好地适应社会的重要前提和基础。

（3）教育应尊重学生自由发展

现代人本主义教育思想强调，应尊重和关爱学生，应充分给予学生自由选择的机会，

减少干预、干涉行为。

通过体育教育，在尊重学生主体的基础上，促进学生的自由发展，在教学中，教师只扮演好指导者的角色，确保学生在个性自由发展的健康方向是正确的。

2. 人本主义思想与我国素质教育

改革开放后，我国进入了一个全面发展的新时期，在教育思想领域，我国体育教育界也展开了教育思想的大讨论与引进、学习，新时期的体育教育，将教育的重点放在"人"身上，关注人的发展。在人本主义教育思想的影响下，我国体育教学观、价值观以及课程观等方面都有了新的变化。

（1）教育本体价值观的回归。传统教育中，教育的工具价值明显，教育缺少对人的社会性的培养，随着人们对教育的认识的不断深入，"体育的过程是培养人的社会性活动的过程"这一认知逐渐强化。

为了实现新时期的体育教育教学改革，从国家层面强调了塑造教育的重要性，强调现代教育应重视人的自我价值和社会价值的实现，促进学生的全面发展。

（2）尊重学生主体的教学观。传统体育教学中，教师是教学的中心，这对发挥学生的主动性非常不利。

现代人本主义教育思想在很大程度上影响了我国的教育教学观念。在现代教育观念下，体育教学以学生为主体，注重学生主体性的培养。

（3）重视学生生活经验的课程观。近年来，我国不断调整课程结构，并在课程体系中融入了活动课程和综合课程，课程内容缩减、难度降低，课程内容与社会现实生活之间的关系日益密切。因此，通过体育教学，引导学生参与体育知识和技能学习，对其走出校园进入社会之后的生活有着重要的帮助作用，体育教育的意义得以真正实现。

（二）建构主义学习理论对我国体育教学思想的影响

1. 建构主义学习理论概述

建构主义理论认为，人在已有认知结构的基础上，通过学习，引起自身认知结构的改变，形成一种全新的认知结构。人不断吸纳新的外界信息，认知结构就不断丰富和完善。

同化、顺应、平衡是影响人类认知结构的三个重要过程。在人的认知过程中，为了促进认知结构的建立，对于已有认知结构的建构非常重要，应注意以下几点：

（1）探究性。为了促进认知结构的丰富，应在认知过程中重视探究。拓展到教学过程中，为了促进学生积极学习，教师要建造一个活的小型的藏书库，而不是直接向学生提供现成的知识。教师应采取各种教学方法，促进学生积极主动地探究、学习和消化知识，而不是被动地、单纯地接受知识。

（2）情境化。建构主义学习理论十分注重进一步加强各种知识表征（动作的、情节的、语义的）之间的相互联系，并将知识表征与多样化的情境联系起来，这样就能创设出良好的学习情境。因此，在体育教学中，教师应注重良好教学情境的创设，目的在于调动学生的兴趣，使他们能够在具体的教学环境中，提升知识和技巧。

（3）社会性。建构主义学习理论具有一定的社会性，强调应根据学生发展的社会源泉、社会文化中介以及通过心理的处理和加工来促进知识的内化等方面，开发各种学习方法促进学生学习。如：充分利用社会技术的发展，促进学生使用网络技术、多媒体技术获取学习信息。

（4）问题导向性。建构主义强调对问题的建构，在这种思想核心意识的指导下，建构主义的学习理论，强调对学生的自我学习能力的提高，通过体育教学，应提高学生发现问题、探索问题、思考问题的能力，拓展学生的思维，促进学生积极主动学习。

2. 建构主义与我国体育教学的融合

（1）建构主义学习理论对我国体育教学思想的适应性。首先，相对于我国传统的体育教学思想来说，建构主义学习理论具有进步意义，它将教育教学的关注点放在学生身上，通过前后学习的关联性，实施下一步教学，在教学中强调"自主、探究、合作"，有助于提高教学水平；其次，建构主义教学理论强调，在教学活动中，从学生的角度出发，强调对学生学习积极性的调动。

（2）建构主义学习理论对我国体育教学思想的不适应性。建构主义学习理论对我国体育教学来说，在教学思想上具有一定的不适应性，具体分析如下：

建构主义的学习理论认为，建构的前提是学生的知识、能力和经验。只有学生不了解的、具有一定难度的知识的学习才有构建的意义，对于学生事先没有掌握的知识进行知识建构是无意义的。

在我国体育教学中，体育运动技能的掌握不是简单地模仿和重现，而是需要学生去真正掌握和理解，并能准确完成各种技战术动作，这些内容的学习具有建构的意义，但是相对于其他学科而言，学生需要经历一个更加枯燥的学练过程。此外，在体育教学实践中，还有一些人没有正确认识建构主义学习理论，认为在体育教学中落实建构主义，是对传统体育教学的学生接受式教学的完全否定。这也影响了我国体育教学改革以及对建构主义学习理论下重视学生主体性发挥的教学思想的进一步落实，这一思想的落实在我国体育教学改革中还需要有一个长期的适应过程。

（三）现代人文主义理论对我国体育教学思想的影响

1. 现代人文主义理论概述

（1）人文概念。人文是一个动态的概念，是指人类文化中最重要、最高级的一部分，也就是先进的价值观念和准则。

（2）人文精神。人文精神有着丰富的内涵，我国学者对人文精神有丰富的认知，关于人文精神的讨论也多有争辩，而且至今没有达成一致。一些专家从下面五个层面对人文精神的含义给出解释。

①科学层面，追求和探索科学、知识、真理。

②道德层面，追求道德。

③价值层面，强调自由、平等、正义。

④人文主义层面，尊重和关注人。

⑤终极关怀层面，强调信仰、幸福、生存，探讨社会终极价值内容。

2. 现代人文主义理论对我国体育教学思想的影响

现代人文主义理论关注人、尊重人，是对重大价值的追求，具体到体育教学中，就是关注学生、尊重学生，提倡体育教学应促进学生的自由、全面、健康发展。

在我国当前体育教学改革时期，现代人文主义理论对我国体育教学思想的影响落实在体育教学实践中，主要表现在以下几点：

（1）体育教学理念的更新。传统体育教学理念以生物体育观为基础。现代人文主义理论体育观提出"课程目标""学习领域目标"，强调体育教学的"运动技能""身体健康""心理健康"和"社会适应"多维目标，使体育教学目标更加丰富、全面。新的体育教学目标的提出有助于促进学生的全面健康发展。

（2）体育课程体系的调整。传统体育教学主要是教师教、学生听，教学更加突出教师的主导性。现代人文主义理论指导下的体育教学在课程体系安排上，充分考虑了学生的兴趣和发展需求，使学生能更加自由地选择体育课程，课程体系内容更加丰富、完整，体育教学中更加重视教师的引导，课程设置有助于调动学生的学习主动性和积极性。

（3）重视体育人文环境建设。加强校园人文环境建设，营造良好的体育教学氛围是新时期体育教学改革下对现代人文主义理论影响下的体育教学思想的新认识。现代的体育教学，更加重视良好体育教学人文环境的建设，包括运动环境、教学环境、教学氛围、校园体育风气与精神等。阳光充足、空气清新、干净卫生、舒适安全的体育教学环境，不但能够缓解学生紧张的身心，还能激发学生的运动兴趣，使学生热爱体育运动。加强校园体育文化建设，使人文精神的激励作用得到充分发挥，能在潜移默化中促进学生良好体育习惯和行为的养成。

（4）重视教师和学生人文素质提高。首先，人文体育教育重视加强体育教师队伍建设，提高教师人文素质。体育教师的形象、口才、知识基础、专业水平、人格力量、道德修养等，都对学生人文精神的形成产生了直接或间接的影响。提高体育教师人文素质，促进体育教师知识结构的不断更新和优化，是将人文精神融入体育教学中的关键所在。其次，人文体育教育，人文是重点和核心内容，强调体育教育应关注人的全面发展，尤其是人在社会中的持续发展，这就要求体育教育应重视素质教育，提高学生的全面素质，使之更加适应社会发展对人才的要求。

二、现代体育教学思想的发展与应用

（一）"以人为本"体育教学思想

1. "以人为本"体育教学思想的发展

（1）早期"以人为本"教学思想的体现。我国自古以来都非常重视人的教育，提倡人在自然界、人类社会发展的重要性。

我国古代教育系统中，关于"以人为本"的教学思想的体现，在早期并没有形成一个系统化的理论体系，而只是在教学内容中体现出来。

商周时期的"民本"思想，是我国古代教育家和思想家重视"人"的重要体现，认为人民是国家的基础。发展到春秋时期，儒家倡导"仁者爱人"的思想、战国时期齐国管仲提出"以人为本"的治国思想，再到后来孟子的"以民为国家之本"等思想，都与"以人为本"教学思想有着密切的联系，只是当时对人的关注更多的是政治意义的体现，在教育方面并没有系统地显现出来。

（2）西方"以人为本"教学思想。古希腊时期，"以人为本"的思想雏形就已经出现，并在文艺复兴时期广泛推广。

19世纪初，费尔巴哈首次提出"人本主义"，在西方教育中影响至今。

在人本主义思想的影响下，西方教学体系发生了重大变革，各种教育活动的开展，教学内容、方式、方法的选用，都将促进人的发展放在了首要考虑的地位。

（3）我国"以人为本"教学思想的内涵，突出素质教育是当前体育教学改革的重要任务之一。体育教学应促进学生身心和谐发展，重视学生的思想品德、文化科学、生活与体育技能教育，以促进符合时代和社会发展需要的全面人才的培养目的。在素质教育大背景下，学校教育所要培养的人才应是身心健康和社会能力较强的全面素质发展的人才。

"以人为本"是一种人性化的教育，为我国体育教学的发展指明了改革的方向，它充分强调了学生在体育教学中的主体地位，强调了体育在育人方面，发展人的重要性，重视体育教学中的人的主动性和积极性的调动、人的发展、人的创新。"以人为本"是我国学校体育教学发展的重要教学思想。

2. "以人为本"体育教学思想的应用

（1）改变影视教育观念。"以人为本"强调人的发展，重视学生在体育教学中的地位，在新的体育教学实践中，在实施"以人为本"的体育教学理念时，要重视教学模式、方法等方面的改革，转变"填鸭式"的教学模式，采用多种教学方法，充分发挥学生的主体意识。围绕学生兴趣爱好和体育需求开展教学，突出学生在教学中的主体地位。

（2）明确体育教学目标。在"以人为本"教学思想指导下，体育教学目标应该充分体现社会本位目标与学生本位目标的统一，具体来说，就是要将传统体育教学中单纯追求社会本位目标的模式打破，要求有机统一社会本位目标与学生本位目标。在教学中体现以下两点：

①社会本位：要求重视学生未来走向社会的发展，将体育教学的价值主体确定为社会，也就是说，体育教学应该满足社会发展的需要，培养社会发展所需要的人才。

②学生本位：要求重视学生的个性化发展，在体育教学中以学生为价值主体，也就是说，在体育教学实践中，要掌握学生的个人需要，从学生的兴趣和需要出发，把学生的自由、健康和全面发展作为出发点。

（3）体育教学内容的科学选择。"以人为本"体育教学思想要求在体育教学实践中应围绕学生选择相应的体育教学内容，具体如下：

①以学生特点为依据选择教学内容。

②教学内容应具有娱乐性和趣味性，有利于提高学生的主动性和积极性。

③教学内容应具有创新性，能够满足学生求新的心理和需求，并促进学生创新意识的形成和创新能力的提高。

④选择实用的、与社会和生活联系密切的，可以使学生终身受益的体育教学内容。

⑤选择更方便普及的教学内容，便于学生在日常生活、学习、工作中开展练习。

（4）尊重学生，因材施教。在体育教学实践中，教学工作者（主要指教师）应当树立以学生为中心的教育理念，在遵循学生身心发展特点和规律的前提和基础上，开展体育教学。

总之，"以人为本"要强调个性化的教学，在体育教学过程中，关注学生的个性差异和学习努力程度、学习进步程度等的区别。要尊重学生的个性特点，围绕不同的学生，有针对性地开展教学（内容、方法、模式等），注重因材施教。

（5）关注教师，改进教学。从广泛的意义上来讲，"以人为本"中的"人"包括体育教学活动的所有参与者，学生是教学的主体，教师也在体育教学活动中发挥着十分重要的作用，因此在关注和尊重学生的基础上，同时，也要重视和尊重教师，使他们的角色得到最大限度的发挥。

在体育教学中要体现出对教师的人文关怀，学校方面应做好以下工作：

①为教师营造宽松的工作环境，合理规定教师的工作量，科学考核，择优嘉奖。

②关注教师发展，对体育教师的管理不应该过分强调防范性、强制性，而应人性化。

③尊重和信任教师，不要制定过多的规则、制度来限制他们的自由、想象力、创造力和创新能力。

（二）"健康第一"体育教学思想

1. "健康第一"体育教学思想的发展

（1）"健康第一"教学思想的提出。在我国，"健康第一"首次作为教学思想被提出是在 1950 年，旨在改变当时学生负担太重、健康水平日益下降的现状。

（2）"健康第一"教学思想的曲折发展。在中华人民共和国成立初期，在国民体质迫切需要提高的国情下，我们党和国家高度重视青少年学生的身体健康发展。国民素质教育、国民体质教育、青少年儿童健康教育是当时体育发展的首要问题，也正因如此，在当时的体育教育中，关注学生健康问题的呼声越来越受到社会各界的广泛关注。

虽然此后在竞技体育教学思想的影响下我国并没有充分贯彻落实健康体育教育，但是，对体育教育应该关注学生健康发展的教育思想观念主张从来没有停止过。

（3）新时期"健康第一"教学思想的应运而生。20 世纪 90 年代，"健康第一"教学指导思想的内容更加明确，它主要是对"素质教育"的诉求，是一种多样化和复合型的新型体育思想，强调在体育教育教学的过程中"以学生为本"理念。此外，我国的社会发展现状，也迫切需要进一步明确和落实"健康第一"的体育教学思想。调查显示，近年来，我国青少年的身体素质不断下降。青少年身体素质和体质健康水平的不尽如人意受多方面因素的影响，如：饮食结构、生活方式、生活习惯、学习与就业压力等。不得不承认，社会的进步给人类带来便捷的同时也改变了人类的生活方式，现阶段大量"文明病"不断侵害人们的健康；快餐文化影响着青少年学生的饮食习惯与结构，摄入高热量而运动消耗较少，青少年肥胖症不断增加；当前社会竞争激烈，包括学生群体在内，他们面临着课业负担、就业压力以及人际交往等各种问题，加强体育教学改革、增强学生体质非常迫切。

进入 21 世纪以后，随着我国体育教学改革的不断深入，"健康第一"的体育教学思想逐渐明朗，并日益得到重视。

当前社会，知识的更新和边缘学科的发展是史无前例的，各种竞争也日趋激烈。在这样的时代背景下，国务院适时提出了"健康第一"的指导思想，要求学校体育教育应培养身体健康、心理稳定、拼搏竞争、团结协作的新型高素质人才。

现阶段，我国已经明确确立了"健康第一"的体育教学指导思想。该教学指导思想是一种重要的具有体育促进人科学发展的重要教学指导思想，它主张体育教学应将人的健康发展放在第一位，健康是教育的重要功能和人发展的基础。"健康第一"教学思想强调，教育应为促进人的健康发展服务，围绕人的健康开展各种教学活动，健康同样也应是体育教学的重要关注点，开展各种体育教学活动，对促进学生身心健康、全面发展具有重要意义。

2. "健康第一"体育教学思想的应用

"健康第一"教学思想中，"健康"指的是"全面"和"多维"的健康。在此基础上，我们将介绍 WHO 的多个层面的健康，包括身体、心理和社交方面的健康。因此，在"健康第一"教学思想指导下，体育教学应促进学生的健康、全面发展。因此，必须做好以下工作：

（1）明确体育教学任务。现代体育教学应促进学生的健康、全面发展。具体来说，在体育教学实践过程中，各项体育教学活动的开展应建立在多维健康观的基础上，重视学生的身体、心理、智力、社会适应能力等多方面的发展，通过体育教育教学培养一个健康的符合社会和时代发展需求的高素质优秀人才和接班人。

（2）落实体育健康教育标准。

①调整体育教学内容，普及科学的锻炼知识，真正实现增强学生健康的目的。

②依据新的国家学生体质健康测试标准，制定具有区域性特点的、符合学生差异的学生健康标准考核。

③允许学生根据自己的爱好和特点自由选择体育项目，使他们真正参与到体育健身中来。

（3）培养学生健康意识和行为。

①结合学生情况，选择适合学生发展的体育教材，组织好学生参加体育运动锻炼。

②体育教学与训练负荷注意适量，不应矫枉过正。

③体育课外活动中应加强体育教师的指导力度。

④开展多种形式的体育比赛。

⑤有针对性地加强营养学、心理学、保健学、环保学、身心健康等方面的知识教育。

（4）发展学生健康知识与技能。

要促进学生的全面健康，必须促进学生掌握能有利于自身健康发展的知识与技能，在体育教学中，应注意加强体育、卫生、美育的有机结合，在加强对大学生的运动健身的认识的基础上，紧密结合学生的生长发育与生活实际情况来开展健康教育。同时，重视学生的体育健康运动技能的掌握与提高。

（5）关注学生的多维健康发展。体育教学中的"健康第一"指导思想的贯彻，要求体育教学促进学生的全面健康，其中，体质健康是基础。在此基础上，还应关注学生以下两个方面的健康：

①关注学生心理健康发展。现代社会竞争激烈，各种压力不断增多，来自社会各方面的因素，如：学习、生活、升学、就业、恋爱、婚姻等对学生的心理来说都是极大的负荷，一些学生存在不同程度的心理问题。因而，要重视学生的心理健康，努力提高学生的心理健康水平，而学校体育教育在这方面正发挥着独特的作用，通过开展各种体育教学活动，鼓励学生积极参与各种体育活动，以促进学生的健康心态、健康心理的形成和发展。

②关注学生的社会性健康发展，提高学生社会适应能力。体育是一种独特的教育形式，在一定规则的制约下，开展公平、公正、公开的体育竞赛，有利于协调人际关系，加强大学

生意志品质、团结协作精神、自我心理调控、提高社会道德水平，增强学生的责任感，使学生遵守社会规范，更好地适应社会环境，并在适应社会发展的基础上实现个人价值。

第二节　高校体育教学的环境因素

一、高校体育教学环境的概念

在教学活动中，与教师教学和学生学习相关的一切内在条件和外在条件都是教学环境。教学环境是指在推动人类身体发展和心理发展的需求下组织的育人环境，是学校组织和开展不同类型的教学活动一定要具备的各类条件的总和。

教学环境的概念包括广义概念与狭义概念。从广义的层面来分析，教学环境就是作用于体育教学的所有社会环境，如：社会制度、科学技术等；从狭义的层面来分析，教学环境就是组织和开展教学活动不可或缺的物质环境与心理环境，如：教学设施、规章制度、师生关系等。对于组织和开展学校体育教学课来说，侧重于分析和探讨狭义层面的体育教学环境。因此，我们把体育教学环境的概念定义为：体育教学环境是指对体育"教"与"学"两个方面的效果造成影响的显性教学条件和隐性教学条件以及这些条件共同构成的教学氛围。

体育教学环境的概念具有以下几个层面的含义：其一，体育教学环境是作用于体育教学的一项条件；其二，体育教学环境是形成体育教学氛围的一项条件；其三，虽然体育教学环境的因素属于客观因素的范畴，但能够将其划分成显性因素和隐性因素。深入分析体育教学环境的词义能够得出，其属于中性词义。必须要说明的是，体育教学环境包括好的和坏的。与大自然的原始环境相比，体育教学环境的形成和发展需要人工塑造与优化，只有体育教师精心创造、维护、优化，才能由此产生良好的体育教学环境。因此不难发现，深入地研究体育教学环境的概念和内涵，可以有效地对体育教学环境进行塑造和优化。

二、高校体育教学环境的特点

体育教学环境是大学体育教学活动的关键要素，它可以为学校的体育活动提供一定的物质基础，并在一定程度上促进了体育教学的发展。高效体育教学环境具有如下特征：

（一）复合性

就教学目标而言，体育教学活动存在多元化特点；就教学内容而言，体育教学活动存在丰富化特点。在多元化特点和丰富化特点的双重影响下，体育教学活动的复杂性特点应运而生，这或多或少会推动体育教学环境表现出复合性特点。高校体育教学环境的复合性特点着重反映在以下两个层面：

（1）复合性特点在体育教学物理环境方面的表现为：体育教学不仅要求学校配备包括教室和桌椅等在内的一般教学设施，还要求学校配备体育场馆、各类运动设施、各类运动器材。

（2）复合性特点在体育教学心理环境方面的表现为：体育场馆与体育场均为组织和开展体育教学活动的关键性场所，学习场地反映出了由小到大的特征，同时使得师生之间、学生之间的人际关系朝着更复杂的方向发展。

（二）目的性和计划性

目的性与计划性是教师塑造和设计高校体育教学环境必须达到的要求，严禁教师以随意的态度设计体育教学环境。在组织和开展高校体育教学活动的过程中，教师往往会参照教学目标、学生身体发展状况、学生心理发展状况的特点以及体育教学的规律来塑造和设计体育教学环境。由此可见，目的性和计划性是高校体育教学环境的显著特征之一。

（三）科学性和可调控性

科学性特点的表现为：塑造体育教学环境不是随意而为的，要求教师参照具体的目标和需求，科学地论证、选择、加工、提炼体育教学环境的各项组成要素，由此塑造出良好的体育教学环境。

可调控性特点的表现为：在高校体育教学的实践活动中，教师要想使学生的身体素质和心理素质得到大幅度提升，就必须全面分析并联系体育教学活动的实际需求以及体育教学环境出现的各项变化，在最佳时间段内完成对体育教学环境的调节工作与控制工作。

（四）规范性和教育性

体育教学环境是教育学生的专门性场所，需要肩负起教书育人的责任，因此体育教学环境的各个方面都需要达到规范性要求。另外，体育教学环境为教师组织和开展体育教学活动提供了物质条件以及舞台，与体育教学环境的其他功能相比，学校、教师以及学生更侧重于体育教学环境的教育功能。

（五）自发性和潜在性

综合分析能够发现，学生体育学习与体育教学环境存在着不可分割的联系，学校是体育教师开展各类体育教学活动不可或缺的场所。因为体育教学环境有主体知觉背景，所以其刺激程度往往会有所不同，这就使得体育教学环境具备了暗示性特点。一般来说，高校体育教学环境都是在潜移默化中影响学生的。

（六）对学生影响的双重性和双向性

体育教学环境中的信息具备矢量性特征，这项特征详细表现为：或者体育教学环境能够对体育教学目标产生指向性影响，对学生完成各项学习活动有推动作用；或者当体育教学环境和体育教学目标是相互背离的关系时，往往不利于学生参与并完成各项学习活动。除此之外，学生并不是被动地接受体育教学环境对自身产生的作用，学生同样能够对体育教学环境产生反作用，它可以给体育教学带来积极的影响，也可以带来消极的影响。

三、高校体育教学环境的功能

（一）健康功能

健康功能着重反映在身体方面和心理方面。因为体育教学环境是师生长期工作和学习的专门性场所，所以体育教学环境一定会或多或少地作用于师生的身心健康，体育教学环境的实际状况对师生的身心健康都有直接影响。由此可见，学校有必要全面发挥体育教学环境的积极作用，确保师生能够在最有利的体育教学环境中完成相应的教学任务与学习目标。

（二）指导功能

高校体育教学环境的指导功能是指充分发挥各类环境因素的综合性影响，带动学生主动接受一些具体的价值观以及行为准则，为学生向社会要求的方向发展注入动力。体育教学环境不仅能把社会主流文化的精神取向以及价值取向反映得淋漓尽致，还能把全社会在广大学生身上寄托的希望和目标反映出来。良好的高校体育教学环境，不仅能够指引学生的思想与行为健康发展，还能使学生产生不良行为习惯的可能性降到最低。

（三）激励功能

高校体育教学环境的激励功能主要体现在以下几个方面：

1. 充分调动体育教师的工作积极性。
2. 充分调动学生完成各项教学目标的积极性。
3. 促使教师的教学效率和学生的学习效率都有所提高。
4. 促使高校体育教学工作的总体质量都获得大幅度提升。
5. 体育场馆、体育器材设备、学习氛围等均可激励体育教学活动。

（四）陶冶功能

良好的体育教学环境对学生产生陶冶情操、净化心灵，促使其形成优良品质和良好行为习惯的作用，就是所谓的陶冶功能。学生的思想观念、道德品质以及行为习惯都是在某种环境下逐步形成的，所以不难发现环境对学生全面发展产生的实际作用。众多体育教学的实践活动表明，当校园环境和体育教学环境都达到特定要求后，常常可以起到培养学生兴趣爱好、促使学生形成良好品格的积极作用。因此，构建良好的大学体育教育环境是十分必要的。

四、高校体育教学环境的构成要素

（一）物理环境

1. 体育教学场所和设备

组织和开展体育教学活动的场所具备独特性特征，该场所不只有教室，还有篮球场、网球场、场地周边的花草树木等。

一般来说，常规性设备与体育器材设备是体育教学设备的常见类型，前者包括图书和多媒体设备等，后者包括球类和各类健身器材等。对于体育教学活动来说，体育教学的场所和设备不但是有序开展体育教学活动的必备条件之一，而且是体育教师在最短时间内高质量完成教学目标的一项影响要素。

2. 体育教学的自然环境

学校附近的地形、草地、阳光、声音等均为体育教学的自然环境，这些自然环境能够对体育教学的教学效果产生很大的作用，因为体育教学往往会把室外场地作为开展场所。因为体育教学的自然环境瞬息万变，同时人类改变自然环境的力量相当有限，所以学校和教师应当在体育教学过程中严格遵循因地制宜的原则，采取科学的方式开发和利用现阶段体育教学的自然环境。

3. 体育教学信息

体育教学过程的实质就是不同类型的信息互相传递和接受的过程。作为参与体育教学活动的教师和学生，均有责任扮演好信息的输出源角色和接受源角色。一般来说，体育教师输出信息均为详细的体育教学知识和运动技能，这样不仅可以提高学生的理论和实践能力，而且可以逐渐培养他们的良好情绪。除此之外，具体到学习过程中各种形式的信息，一般学生能够利用部分手段向教师以及其他学生提供反馈信息，由此确保体育教师在最佳时间段内得到学生的反馈信息，在此基础上尽早把既定的教学安排调整至最优。

一般来说，体育教学的各环节都会涉及很多方面的信息。深入分析体育教学信息的内容可知，发挥主导性作用的内容是体育学科知识的相关信息、维持和管理体育教学秩序的相关信息。全方位探究体育教学信息传递过程可知，本体信息与反馈信息均属于比较常见的内容，本体信息就是体育教师在教学实践中传递给学生的涉及教学内容的信息；反馈信息就是能够对本体信息传递过程产生调节作用和控制作用的控制性信息。立足于体育教学信息本质的视角来分析，能够得出有效信息与干扰信息是体育教学内容的两个组成部分，有效信息对达到教学目标的信息有积极影响，干扰信息对达到教学目标的信息有消极影响或者对达到教学目标会产生干扰信息。

4. 班级规模

一个班级的学生人数就是所谓的班级规模。班级规模不但能对体育教学活动产生深远影响，还能对学生的综合成绩、学习主动性、具体情感产生深远影响。通常情况下，建议学校和教师合理调控班级规模，班级规模过大和过小都会降低教学质量和教学成效。倘若体育教学过程中的学生人数超过正常范围，不但会增加体育教师的教学难度，而且会增加体育教师在教学过程中遵循和落实因材施教原则的难度，由此必然无法满足不同的需要。在体育教学过程中，建议学校和教师把一个班级的学生人数控制在 20~40 人，但绝大多数学校的班级人数都多达 60~80 人，仅有部分经济发达地区能够达到这项标准。学校班级规模往往和许多项因素存在联系，所以要想尽快解决这项问题就必须在体育教学过程中开展分组教学。

5. 队列与队形

队列和队形既可以最大限度地反映学生的空间位置，又可以直接影响到师生的交流，激发学生的学习积极性，促进学生的课堂学习。某些情况下也会影响学生的体育课成绩。在体育教学活动的各个环节，体育教师往往能够自由选择队列队形。体育教师对队列队形进行选择和编排时，要参照详细的教学任务以及教学内容，一定要保证队列队形对师生的沟通和互动有积极作用。

（二）心理环境

在体育教学中，心理环境是指"体育教学中的"无形"与"动态"相结合的"软环境"。主要由以下几个方面组成：

1. 校风与班风

学校内部产生并形成的社会氛围，即所谓的校风。校风、教风、学风、班风、领导作风之间存在十分紧密的关系，是学校集体行为风尚的类型之一。班风是指班级全体成员在交往过程中逐步产生的具有共同性的心理倾向。班级一旦形成班风，就会在潜移默化中约束全体班级成员，使全体班级成员受到直接影响。

从本质上来说，校风和班风都是具有无形性特征的环境因素，两者都能够通过包括典论和内聚力在内的多项无形因素来作用于学生的学习态度、价值观以及具体的学习行为。由此不难得出，在体育教学中，要充分认识到校风、班风对学生的教育功能，充分发挥校风、班级的积极作用。

2. 学校体育传统与风气

学校体育传统与风气具体是指学校在体育层面形成并盛行的集普遍性特征、反复性特征、稳定性特征于一体的集体行为风尚。

良好的学校体育传统和风气会在潜移默化中影响学生，常见影响是推动学生逐步产生积极向上的体育态度、学习兴趣以及良好的体育锻炼习惯，由此使学生的体育文化素质得到大幅度提升。建设学校体育传统和风气的心理过程往往会涉及很多方面的因素且有很大难度，不但要求教师选用的方式方法达到多元化要求，而且要求教育者分配很多时间和精力完成设计工作与管理工作。

高校体育教学的众多实践活动都表明，学校体育传统和风气的形成过程由孕育阶段、整合阶段、内化阶段、成熟阶段组成。一般来说，整个形成过程也是多数成员被动接受或者半被动接受体育行为规范逐步过渡到所有成员积极接受体育意识和行为的变化过程。学校体育传统和风气一旦形成之后，就会对学生的体育行为产生无形约束，对学生群体产生正面的心理控制作用。

3. 体育课堂心理气氛

班集体形成的发挥主导性作用的态度和情感的综合状态，即体育课堂心理气氛。教师和学生的心境、态度、情绪波动等均为体育课堂心理气氛，积极的、消极的、对抗的心理气氛是体育课堂心理气氛的主要类型。在时间持续向前的状况下，体育课堂心理气氛也会随着时间的推移逐步发展和形成，以后会逐步过渡到稳定状态。

多数学生对教学目标与教学任务的认同，对体育教师提出的详细要求、对工作作风和工作状态的满意状态、师生之间以及学生之间的实际关系，都会对体育课堂心理气氛产生很大作用。积极向上的体育课堂心理气氛能够大大增加教师和学生之间的信息交流以及情感交流，能够在很大程度上刺激并调动学生的学习动力，对学生逐步具备挑战自我的勇气和智慧产生积极影响。

4. 体育教学中的人际关系

人际关系就是人们在社会交往中产生的心理关系。具体到体育教学实践中比较常见的人际关系是师生关系、学生与学生的关系，这两类关系共同构建出了体育教学过程中人际互动的整个过程，不但会直接作用于教学氛围、体育教学反馈以及学生参与体育教学的积极性和热情，而且会作用于体育教学的实际成效。

与普通的人际交往比较起来，在体育中的交往活动更为复杂、直观、实用。产生这些差异的原因是教师环节的限制已经被体育教学突破，这极大地拉近了师生之间的距离以及学生之间的距离，使得这两种关系朝着更加紧密、更加自由的方向发展。除此之外，体育活动中的团队协作发挥着至关重要的作用，将教师和学生之间以及学生和学生之间的相互协作摆在了尤为重要的位置上，不仅能促使体育教学人际关系更加和谐，还能使学生的社会交往能力大大增强。

5. 体育课堂常规

体育课堂常规是指体育教学实践中为完成课堂任务向教师和学生提出两者都需要达到的要求。例如，体育课对教师服装与学生服装提出的要求，体育课开始时师生相互问好等。虽然从表面上看体育课堂常规的作用很小，但其却能够产生深远的教育意义，能够对教师和学生的课堂行为产生很大的约束力。

五、高校体育教学环境的塑造策略

（一）高校体育教学物理环境的塑造策略

在现阶段，体育教学的物理环境对体育教学活动发挥着多元化作用，对体育教学场所和体育教学设备产生的影响最为显著，原因在于体育教学的物理环境不但要使得体育教学的需求得以满足，而且要使开展不同类型的课余体育活动的需求得以满足。因此，塑造高校体育教学环境时一定要立足于整体考虑学校教育以及学校体育的需求，由此将体育教学物理环境的教学功能、休闲功能、娱乐功能、审美功能等的作用发挥得淋漓尽致。高校体育教学物理环境的塑造策略包括以下几个方面：

1. 和谐美观策略

学校和教师对体育教学的场所和设施进行创设时，应当着眼于全局来规划，由此使各个方面都达到合理、协调、美观三个方面的要求。和谐美观策略的具体含义如下：

（1）针对体育教学的场所和设施，要保证和学校其他建筑和设施处于协调、映衬的关系。以高校体育馆为例，其应当和学校其他建筑的功能、布局以及色彩搭配相互映衬，并由此组成和谐一致的有机体。

（2）体育场馆和体育设施作为体育教师开展各类教学活动必备的条件，应当达到协调一致、简洁美观的双重要求。以篮球场和足球场为例，两者应当在布局与间隔距离上达到科学、便捷的要求。学校和教师在布置场地器材时，应当事先预防干扰现象产生，实际布置不但要为开展管理工作提供便利，还要层次清晰、有条不紊。在颜色搭配方面，体育场所与体育设施要科学、美观，应当符合学生的心理特点。

（3）体育教学场所与设施要充分符合学校以及学校附近的高校体育教学的影响因素分析与改革探索自然环境。对体育教学场所和设施进行设计和优化时，就应当兼顾并发挥学生现有的自然环境，如：高校可以在学校的小山坡设计攀爬项目或者越野跑项目。与此同时，绿化工作是高校塑造体育教学物理环境过程中的一项重要工作，科学绿化有助于学校打造生机蓬勃的体育教学物理环境。

2. 安全卫生策略

详细来说，安全卫生策略就是学校和体育教师在设计与优化不同形式、不同种类的体育教学物理环境时，要通过多种手段达到安全第一、总体卫生的要求，由此从根本上减少体育教学物理环境对学生健康水平的影响。高校要想保证体育教学环境安全，则需要达到以下要求：

（1）要从各个方面杜绝体育教学场所和体育教学设施存在的隐患，使用各类体育教学设施之前要保证安全检查工作与清理工作均已完成。例如，师生应当仔细清理体育教学场地的石块，采用多方面措施避免危及学生身体健康的情况出现。

（2）当体育教师对队列队形进行设计、编排、变换、调动时，要认真、全面地完成安全方面的工作。例如，体育教师向学生讲授投掷运动的相关知识时，应当要求全体学生的站立方向相同，尽可能避免学生面对面站立。

以往，关注和研究体育教学环境卫生问题的人很少，很多学校的操场都有噪声和污染。要想确保高校体育教学物理环境对学生健康成长产生积极影响，教师设计和优化体育教学场所以及体育教学设施时应当充分考虑卫生方面的问题，从各个方面检查并排除其潜在的卫生隐患。例如，学校以及体育教师应当保证体育教学的场所和设施达到干净、无灰尘的要求，定期对游泳池进行换水和消毒。还需要补充的是，教师选择体育教学自然环境时，应当设法避开恶劣的天气以及空气污染、水污染、噪声污染等。

3. 突出特色策略

对高校体育教学的物理环境进行塑造时，一定要挖掘与利用高校现有的环境条件，尽最大可能创设出别具特色的体育教学物理环境。

在绝大多数情况下，当学校所在地域和现有条件有所不同时，环境条件不可避免地会有或多或少的不同，最终对高校体育教学物理环境的数量、质量、类型带来一定影响。以体育教学物理环境为分析对象，每一所学校都是优劣并存。例如，尽管经济发展速度较慢的农村学校没有完善的体育设施，但具备自然资源丰富、场地空间大的优势，所以通过科学的塑造手段往往可以满足师生的要求。

由此可见，如果高校能够充分联系本校的体育教学环境、现有经济水平以及具体需求，则可以大大加快塑造和完善高校体育教学物理环境的速度。例如，对于有池塘和湖泊的高校来说，应当针对山展开设计和优化；针对我国北方冬季持续时间长的气候特点，北方的高校可以考虑适当增加室内体育场所的数量或者设计与优化"冰雪"。任何一所高校都应当采取多种方式设计、挖掘、塑造出独特的体育教学物理环境。

4. 筛选提炼策略

筛选提炼策略是指调节与控制体育教学环境时，有必要对各个方面的信息进行选择、加工、提炼，由此对各个方面的信息实施最大化控制，推动体育教学信息产生的正面作用达到最大化，更加高效地服务于广大学生的身体和心理发展。

截至目前，各类大众媒体和计算机网络都是体育教学的信息源，这些信息源都对体育教学活动产生了不可忽视的影响。举例来说，大学生在追捧 NBA 球星的过程中会使体育方面的态度和兴趣以及情感在无形中产生变化。但大学生在大众传播媒体和计算机网络中得到的信息并非都是正面信息，其中不乏一些负面信息，这些负面信息往往不利于组织和开展体育教学活动。一般情况下，因为一些学生辨识正面信息和负面信息的能力比较弱，所以教师有责任筛选和舍弃各类负面信息，由此从根本上改善高校体育教学课的教学成效。当体育教师为学生筛选与提供正面信息后，还应当运用最切实可行的教学方法指导学生明辨并处理各类信息，从根本上增强学生辨识并抵制负面信息的能力。

5. 变通调适策略

针对体育教学实践中较难改变的体育教学环境，体育教师应当利用变通策略或者调适策略来提高体育教学效率，并由此推动学生均衡发展，这种较难改变教学环境主要为自然环境。

一般来说，改变体育教学活动的自然环境的确有很大难度，如未建设室内体育场所的学校往往不能在雨雪天组织学生参与体育教学活动，但并不意味着教师要终止体育教学活动或者组织学生在室内学习文化课；反之，体育教师可以组织学生在合适的场地参与不同形式的体育教学活动。

除此之外，班级规模也是改变难度大或者无法迅速改变的一项要素，体育教师要想从根本上改善体育教学成效，建议其采取变通的手段，如：体育教师进行分组教学、全年级统一编班上课等。换句话说，体育教师应当积极选用多元化手段来变通与调适体育教学实践中的具体因素，由此更加有效地优化体育教学环境，适应学校的体育教育需要。

（二）高校体育教学心理环境的塑造策略

体育教学的物理环境是一个相对的研究对象，其塑造的内容更加多样、难度更大、耗时更长，短期内难以达到预期效果。高校体育教学心理环境的塑造策略如下：

1. 建立正确的舆论与规范

舆论和规范可以产生群体性压力，会对高校学生的心理和行为产生显著影响。当出现群体压力时，部分人有可能会否定自己的观点，在此基础上采取和绝大多数人一致的行为，即从众。舆论和规范是一把"双刃剑"，正确的舆论和规范往往可以对个体产生正面作用并使其做出正面行为；反之，会对个体形成负面作用并使其做出负面行为。由此可见，体育教师应当想方设法为广大学生塑造良好的体育教学心理环境，而达到这项目标的首要任务是促使班级形成正确的舆论与规范。具体来说，建立正确舆论与规范的要求主要包括以下两个方面：

一方面，体育教师应当考虑舆论与规范能否充分适应群体成员，尽量获得多数人员的支持，从而使团体典章和准则与成员自身的价值相统一。

另一方面，作为一位体育教师，必须兼顾团体典章和规范与社会规范的一致性，保证所有的学生都能够正确地处理自己与团体的关系。在体育教学中，应自觉地将体育教学内容的特点相结合，正面引导与培养班级典论和规范。

2. 形成和谐的人际关系

在体育教学的实践活动中，师生之间以及学生之间平等、和谐的关系能够对优良体育教学心理环境的产生发挥很大的正面作用。良好人际关系得以建立的一个重要基础是平等互爱。在体育教学活动中，师生个性的均衡性可以让学生在学习各种技能时与教师的行动发生共振，由此将学生在身体方面和心理方面的潜力以及创造力调动出来。体育教师的行为对构建良好的人际关系有决定性作用。参与体育教学的教师应当达到以下几个方面的要求：

（1）真诚。要想感染并激励学生，必须确保体育教学充满真诚。体育教师的言行举止都应当发自内心，避免自己表现得做作和矫情。

（2）尊重。作为一名体育教师，我们应该尊重学生的人格和权益，坚信每一个学生都能成功。努力维护学生的尊严，并对他们有充分的耐心，掌握好言语方面的分寸，将对学生的伤害控制到最小化。

（3）平等。教师对全体学生都应该一视同仁，绝对不可出现厚此薄彼的态度或行为。在体育教学中，体育教师应当以鼓励和表扬为主，由此将学生的学习积极性全面激发出来。

需要补充的是，在指导和鼓励学生积极沟通和合作的过程中，选择最有效的教学组织方式来促进学生的沟通。

3. 加强体育课堂教学管理

各种实践证明，课堂管理严格能够在无形中影响学生，同时对体育教学心理环境产生影响。如果教师可以坚持贯彻各项课堂常规且率先达到各项规定提出的要求，则会对学生的健康成长产生不可估量的影响，甚至会影响学生的一生。对于设法改善课堂教学管理的体育教师来说，务必把发挥基础性作用的行为规范定位成开端，立足于这个视角展开剖析和探究，贯彻体育课堂常规也是切实可行的策略之一。

因此，每一位体育教师都应从小事做起，运用多种方式使体育骨干产生的积极作用达到最大化，从而推动学生充分达到自我管理的各项要求，促使学生的自我约束水平得到大幅度提升。

4. 营造宽松、和谐、民主的体育课堂氛围

体育课堂气氛是体育教学的一个重要因素，体育活动的兴趣、爱好、动机等都是在体育课堂的具体情境和气氛中产生的，良好的体育气氛一经形成，就会有很强的感染力，推动学生不断前进。由此可见，营造良好的体育课堂氛围能够加快体育教学目标的实现速

度，详细的营造策略如下：

第一，通过各种方式培养学生对体育活动的积极态度和习惯，并在一定程度上提高学生在课堂上的积极参与。

第二，在体育课堂教学的过程中，体育教师应当达到"眼观六路，耳听八方"的要求，要及时抓住来之不易的、积极的即时情境，同时利用这些即时情境塑造良好的体育课堂氛围，促使课堂教学的环境质量得到大幅度提升，正确地对待教学中出现的负面偶然事件，将负面因素对课堂氛围的影响降至最低。

第三，体育教师要把体育教学活动中的人际情感交流置于重要位置，由此使师生之间、学生之间形成情感共鸣。在体育教学活动中，教师应当及时向学生提供关爱和帮助，将学生的学习积极性充分调动起来，从而形成师生之间相互激励的良好气氛。

第四，体育教师要主动转变自己的角色，从根本上调整和完善过去的角色，有效激励学生大胆质疑、大胆创新，时刻提醒自己营造出民主的课堂学习氛围。

5. 善于处理突发事件

体育教学实践中教师意料之外、突然发生的事件，就是所谓的突发事件。当体育教学过程中出现突发事件后，教师应当及时、妥善地处理；否则将不利于维持正常课堂秩序，干扰已经营造出的课堂氛围。但是，如果教师能够及时、有效地处理这些突发事件，将会更加高效地优化体育教学心理环境。

当体育教学过程中出现突发事件时，体育教师应当保持头脑冷静，选择并运用最恰当的方式，尽可能将突发事件的负面影响控制到最小。同时，在面对紧急情况的时候，教师不可避免地会对学生进行适当的惩罚，但是在使用的时候，教师要讲事实、讲道理、以理服人，不能太过暴力，尽量避免因为惩罚某个学生而产生"涟漪反应"。

6. 充分发挥榜样和典型的作用

在构建大学体育教育的心理环境时，必须充分发挥好"榜样"的作用。从体育教学的角度来看，"榜样"是指体育教师自身的人格魅力，是指"人"与"物"的真实存在。

体育教师的人格魅力对学生的影响是巨大的，因此，体育教师要充分发挥自己的个性、意志品质和教学风格，营造良好的学习环境。而良好的体育课堂环境，最重要的是教师的以身作则，因此，教师应该首先满足学生对自己提出的要求，而在大多数情况下，身教的效果要比言传更好。

另外，体育教师应该将学生的积极的性格行为放在重要位置，比如刻苦学习、遵守纪律等，这些都会被教师所认同，变成学生主动学习的行为，这样会对整个班级形成良好的集体氛围产生积极作用。

第三节　高校体育教学的教师因素

一、体育教师的产生

（一）教育活动催生体育教师的出现

远古人类为了能够在极端恶劣的自然环境中生存，就必须想方设法地去认识自然、了解自然，甚至尝试利用自然，并开始进行物质生活资料的生产。然而这一过程注定是相当漫长的，在此期间，古代的人们掌握了劳动、生产等方面的知识和经验，一些部落、氏族的头目，经验丰富的老人，就自觉地把劳动工具的制造、使用、其他生产知识、生活经验、生活习惯、行为准则等，加以整理、分类，然后有步骤地传授给下一代，形成了原始社会时期的早期教育活动。其中包含一些身体力行的技术教学，如：狩猎、捕鱼、躲避猛兽等，而体育教学的萌芽就在其中产生。

从实际来看，原始社会的体育活动与教育活动基本相似，都是由部族中的长者、首领等作为"教师"，但原始社会的体育教育并没有明确的体育分类。包括在后来中国封建王朝的私塾、学校等教育场所中尽管有与体育相关的技能教学，但也没有专职的体育教师。即便如此，人类早期体育和教育的出现，为体育教师的产生奠定了重要基础的事实是不可否认的。

（二）社会生产力的提升推动了体育教师的产生

随着社会的发展，社会生产力不断获得提升，特别是工业革命以后，人类的生产力水平实现了跨越式的进步。这使得人们摆脱了以往将大多数时间用于生产的生活状态，与此同时也增加了物质财富和空闲时间。

生产力的提高，也反映出了各个行业的专业化程度，从而导致了专业知识的形成。据史料记载，在早期，体育、音乐、舞蹈是一体的。此后，因其自身对人的培养取向的不同，导致其特征逐步朝着各个方面发展，例如，舞蹈注重肢体表达，音乐注重声调表达，体育注重身体活动和运动。并且这些分离的学科通过长期的发展还各自形成了具有科学性和系统性的知识体系。因此可以说，体育及其教学从一种学科中分离出来还是得益于社会生产力的进步，进而也催生出了体育教师这一专门化的学校任教职业。

二、体育教师的发展趋势

（一）将对教师的培养与培训融合为"教师教育"的模式

从长期来看，我国学校体育教育教学主要有封闭式、终结式等几种培养模式。然而在历经这些模式的发展之后，体育教学方式表现出越来越明显地走向劣势和极端的态度，显然这种极端是不利于体育教师职业发展的。基本实现教师教育体制的调整，即以现行的师范院校为主，其他高校参与，培养与培训结合，全面落实终身教育理念的开放式师资教育体制。通过具体分析这段话可知，其实质是把"教师培养"与"教师培训"相结合，从而构成"教师教育"的一种新模式，构建一种新型的"学历教育"与"非学历教育"相结合的新型师资培养模式。

针对教师教育培养与培养一体化的内容主要体现在以下四点：

1. 培养培训目标一体化

培养培训目标一体化是说要将体育教师培养和培训的阶段性目标分别制定，但是要确保分别制定的目标之间有相互衔接、相互补充的关系。例如，职前培养应更加看重对基本理论知识、专业理论知识、专业技能和教育技能的培养；继续教育则应更加看重对工作实践的反思，以及反思过后对教育技能在修正方面的培养。

2. 课程一体化

这里需要强调的一点是，所谓的课程一体化并非是两种教育的课程体系一体性重合，更确切地说是一种彼此之间的衔接与呼应。例如，更加侧重理论的课程要尽量与实践结合；在职培训以实践课程为主，注重实践课程的理论化。

3. 教师队伍一体化

教师队伍一体化的实质是对教师队伍进行优化整合，从而使建立的新的教师队伍有更强的教学能力和团队研究学习能力。

4. 管理一体化

管理一体化不同于过往的职前教师教育管理模式，这里所要求的管理一体化更倾向于向教师终身教育的管理模式的转变。

（二）进一步树立教师专业化的教职观念

在21世纪的今天，教师的职业越发分工明确，决定了对教师的专业化水平的要求更高，这对于体育教师的发展来说也是如此。这一发展趋势也正在成为我国教师教育改革的需要与发展的方向。实际上，在各行各业都开始更加追求专业化的今天，分工是社会分化的一种表现形式。对于社会中的某项职业是否成为一项真正成熟的专业，有着国际公认的准则要求，包括是否有专业智能、职业道德、专业训练、专业发展、专业自主和专业机构。

按照上述六个准则，我国教师在实现教育教学专业化的进程中，要加强改革和发展，最起码要从以下几个方面加强：

1. 进一步调整教师教育的课程体系

对课程体系调整的重点在于转变过去偏重强化学科专业性的目标，将这种目标向综合性、教育专业性的方向转变，强调培养"一专多能"的全面素质。为此，就需要将开设的综合性课程的比例和时间都相应增加，另外，课程的形式还应灵活化。

2. 加快教师队伍高学历化的进程

这个高学历化的进程主要是针对在中小学任教的体育教师，以促使将他们学历提高到本科及以上程度。为此，国家将中小学新教师培养有计划、有步骤、多渠道地纳入高等教育体系，其中就包括对体育教师学历提升的培养计划，由此可见对这一问题的重视程度。

3. 进一步完善教师资格证书制度

从 20 世纪 90 年代中期开始，我国一系列关于教育的法律法规中都包括教师资格制度的表述，由此可知我国的教师资格证书制度的实施是有法律保证的。因此，为了在未来进一步树立教师的职业观念，应该严格教师资格证书制度，将制度落实到位，实行先获取资格证书，后上岗执教。而对于教师这一职业来说，也要向非师范院校的毕业生或社会人士开放，使他们也能够通过教师资格认证的考试获得教师资格证书，然后充实到人民教师的队伍之中。

（三）进一步加强教师教育的信息化建设

现代社会已经转变为信息社会，信息的传播速度、信息量以及信息有效性都决定着社会发展水平。信息对现代社会的各个领域都有着非常大的促进作用，对教育领域也是如此。在教育领域中，信息化以不可阻挡之势向前发展，而教师教育信息化的建设则相对较为落后。为此，就需要在这一方面给予重视，加快教师教育的信息化进程和建设力度。

第四节　高校体育教学的学生因素

在高校体育教学中，学生最直观的作用体现在主体性作用，下面具体来分析。

一、学生主体性的内容与形式

在体育教学中，学生是学习的主体，在教师的指导和引导下，表现出积极的学习态度和独立的创造学习行为。

学生在教学活动中的主体性是依托于人的主观能动性而存在的，人的主体性是发展出个性的核心。人越有主体性，就越能理解自己是为何而学习的，进而也就更容易知道该如何去做、如何做得更好。

（一）体育学习内容的选择性

要想让学生更积极地发挥出主体性作用，就要在体育教学过程中让学生有选择教学内容的权利。学生主动参与教学内容选择是体育教学改革所提倡的，而且在一些地区的高校中尝试并实施多年。学生选择教学内容是学生自主性中最活跃的因素。

当然，学生的选择并不是随意的和没有限度的。学生能选择的内容必须是在体育教育专家根据社会和教育目标所进行的初步筛选后确定的。尽管看似有一定的限制，但这种尝试依然能在某种程度上帮助学生明确教学目标，也是调动学生主动学习，使他们想要学、愿意学的有效措施。

（二）体育学习过程中的自主性

学生在体育教学活动中的自主性还体现在以下几个方面：

1. 对学习目的具有主动和独立的意识。
2. 在一定程度上支配、调节和控制着体育教学活动。
3. 充分发挥个人潜能，具体包括想象力、应变能力、创造力等多种潜能。

（三）体育学习过程中的能动性

大学生对于体育的认识和了解与小学生、中学生具有很大的不同。大学生在踏入高校的校门之前，就已经对某些体育运动有深刻的了解了。因此，学生在学习中的能动性体现在他们主动参加体育活动，并能以自己的知识经验、认知结构和情感结构来对体育教学进行交融，对教学活动进行吸收、改造、加工，使得自己的知识得到完善和重组。例如，有的人在儿童时期就已经学会了游泳，到了大学期间再次选择修游泳课，这时学生选游泳课的目的可能是满足自己喜欢游泳的兴趣，也可能是想进一步提高游泳技术与速度。

二、学生发挥主体性的条件

（一）教学目标与学习目标相协调

教师要明确体育教学在学校教育中的重大意义和体育在素质教育中所占的分量。体育教学的最终目标是让学生通过学习体育项目强身健体，树立"健康第一"的教育理念，养成"终身体育"的习惯。通过上述理念与思想，体育教师根据教学内容与目标向学生灌输与引导。教师在准备教学的相关工作中要站在学生的立场上思考，制定教学目标，使学习目标与教学目标协调一致。

（二）教师和学生共同拥有体育教材

这主要是指体育教师要让学生了解教师以什么为工具进行体育教学，要使学生在学习过程中始终对所学内容有较为清晰的了解，要让学生了解教材目标与总目标的关系以及所学内容的重点、难点和与自己身心发展之间的契合点。

（三）教学过程应该按照学生的学习过程设计

古人所说的"传道授业解惑也"，而"学"主要以"探究"和"挑战"为直观特征。从上述切入点来看，体育教师只有将"解决问题""探究""传承事业"和"挑战极限"结合起来，才能做好教学工作，将学生导向既定的教学目标。

（四）教学情境应该和谐民主

事实证明，良好的教学情境能全面激发学生的学习动机与探索精神，有助于让学生在学习的过程中不断思考并提出经过思考后产生的各种各样的问题。教师与学生之间的和谐、民主气氛是教师教育活动得以实施的保证。民主的教学环境是建立和谐的教学环境的必要条件，而民主则是对学生个性的充分尊重。通过这种方式，使学生能够获得真实的、充满活力的运动知识和技巧，才能真正陶冶学生情操，实现育人目的。

三、学生在高校体育教学中的优化发展

从体育教师和学校的角度来看，促进学生在高校体育教学中的优化发展，要从以下几个方面入手：

（一）贯彻落实体育素质教育

当代教育倡导素质教育，素质教育也是高校体育教学的根本落脚点。所以，要充分贯彻落实素质教育，这是新时代的学校教育事业培养全面发展的高等教育一流人才的基本要求。

（二）重视学生体育素养的培养

体育教学要符合素质教育的目标，紧紧围绕学生来开展。在传统体育教学中，竞技体育项目是主要教学内容，它以专项运动项目为主，在新的教学改革的背景下，相关人士提出的"健康第一""终身体育"等体育教学理念，逐渐成为学校体育教学的主要内容。

重视学生体育素养培养，是我国体育教学的重要任务和目标。因此，在新的教学指导思想和理念指导下，高校体育教学要从根本上培养大学生的体育素质，既要注重学生的体育知识，又要注重提高学生的运动能力，还要重视如柔韧性、协调性等身体素质的发展。此外，通过体育教学，促进学生的智能、社交、情商、社会适应力等方面的均衡发展。

（三）贯彻科学体育教育思想

当前，"健康第一""终身体育"是我国体育教学中全新的教育理念，在新的体育教学思想指导下，体育教育重点关注学生的健康、全面发展。

改变传统的、强调竞争的思想观念，全面贯彻"健康第一""终身体育"的指导思想，体育教师在体育教学实践中要做到以下几点：

1. 做到以学生为中心，从满足学生需求入手，展开体育教学的设计和组织管理。

2. 选取的教学内容要以培养学生的综合素质作为教学目的，在教学实践中要以终身体育思想为背景。

3. 调整教学的方式方法，鼓励学生进行自主练习，勇于创新，激发学生的体育学习热情。

（四）深化改革，消除体育教育弊端

在高校体育教学中，消除体育教育弊端对于学生发展具有重要意义。

不断充实体育教学内容体系。具体来说，体育教师在教学内容的设计中加入一些新兴的、广受欢迎的运动项目，一方面，能提高学生的兴趣，增强学生的主动性；另一方面，也能推动新兴项目进校园。从长远看，这对整个全民健身计划进程都有积极意义。

优化体育教学方法和教学手段。在教学实践过程中，传统的体育教学方法虽然也有一定的优点，但与新的体育教学方法和教学手段相比，在教学的作用上依然有一定的差距。对此，体育教师应善于寻找、利用新的教育教学方法与手段，生动、直观地展示体育教学内容，帮助学生更加准确地、快速地掌握体育知识和技能。

（五）优化和谐体育教学环境

良好的体育教育环境，是进行各种教学活动的保证，是实现教育改革的关键。

一方面，要不断加大对体育教学的投资，改善学校体育教学条件，加大体育教学场地、设施设备等。这对学生的学习效果和体育教学质量有着重要的作用。

另一方面，学校还要不断丰富优化体育教学的人文环境。具体来说就是营造良好的校园体育文化氛围，使得学生在不知不觉中被感染和熏陶，能够自然而然地参与学校组织的各项体育活动，并促进学生养成长期坚持参加体育活动、自觉锻炼的习惯。

（六）完善体育教育评价体系

科学的教学评价对体育教学具有导向作用，所谓科学的教学评价是指"既重视过程又重视结果"的评价。

在以学生为主体的体育教学中，评价者应端正态度，充分关注学生的进步与闪光点，不要过于片面地评价。在体育教学中，教师对学生的全面、科学评价应做到以下几点：

1. 评价内容广泛化。在学生的体育学习评价上，评价内容应广泛，从各个方面全面评价学生的体育学习情况，不能以偏概全。

2. 评价方法多样化。体育学习要从多方面去投入，如：精力、时间、态度等，因此，体育评价应考虑学生的学习态度、学习进度、学习成果等多个方面，只使用一种教学评价方法，则学生多方面的表现与进步不可能一一得到科学的展示与评价。因此，评价方法应尽量多样化。

3. 评价主体多元化。新课改下，重视学生的发展成为体育教学的一个基本要求，而学生的发展在很多方面都有体现，因此，对于学生的评价应是多方面的，在教师评价的同时，也要重视学生互评、自评，以及其他评价主体的评价。通过各个主体来了解学生的综合体育学习情况。

第五章 现代高校体育教学方法的改革与创新

第一节 高校体育教学中多媒体技术的应用

一、多媒体教学技术的特征

（一）多媒体教学技术的多维性特征

多媒体技术的多维度特性，是指多媒体技术具有的扩展信息的能力，这种多维度的功能可以将输入的信息转换、加工、创作，从而提高了信息的表达能力，丰富了它的显示效果。比如，在大学体育教学中，运用多媒体技术，既可以确保学生掌握课文知识，观察静态画面，又可以通过多媒体手段，清晰地观察和了解体育教师的动作，从而增强体育教学的效果。

（二）多媒体教学技术的集成性特征

多媒体技术的集成性特性是通过对各种类型的媒介进行实时整合，例如，声音、文字、图像等，从而实现对多媒体内容的全面整合。而且，整合还有一种意义，即整合了多媒体资料的设备，包括影像、储存、音响、电脑等。总之，它是指把不同的媒介在不同设备上进行密切的联系，使文字、声音、图片和音像的加工成为一个整体。

（三）多媒体教学技术的交互性特征

所谓的多媒体教学技术的交互性特征，主要指的是人和人之间、人和机器之间、机器和机器之间的交互活动，也就是人和机器进行对话的能力。根据实际的需要，人们能够选择、控制、检索多媒体系统，同时，还能够参与到播放多媒体信息与组织多媒体节目的行列中。传统的只能对编排好的节目被动接收的电视机形式已经被打破。

（四）多媒体教学技术的数字化特征

多媒体技术的数字化特性，就是将各类媒体数据存储于电脑中，进行数据存储和加工，是在实现了数字信息的基础上被建立的，例如，以矢量方式储存与处理的图形、以点阵方式储存与处理的图像、以数字编码方式储存与处理的音频和视频。在数字化技术发展的背景下，多媒体教学技术得到了广泛的传播与发展。除了上述的四种主要特征，多媒体教学技术还有其他的一些特征存在，通常来讲，还拥有分布性、综合性与实时性等特征。多媒体计算机系统存在比较明显的综合性，它不仅能够综合集成各种媒体设备，同时还能够综合提成各种信息，使它们成为整体，促进综合效应的产生，不再是单兵作战，而是文字、图片、声音与音像的有机组合。

二、多媒体在高校体育教学中的应用优势

三维多媒体技术采用图文、动画、音频、视频等多种方式，实现了体育课程内容的立体展示，以丰富的表达方式和手段，灵活多变的特点，充分发挥了它的独特性。

（一）多媒体技术使高校体育教学观念得到了更新

高校体育教学的传统教学模式是以教师的教学为重心，在高校体育教学应用多媒体技术，能够使此种传统高校体育教学模式发生改变。体育教师在进行授课的过程中，在运用现代多媒体技术的基础上，通过人机互动和师生互动的方式，充分调动了学生的体育参与意识，展示了以"学"为核心的体育多媒体教学理念。这些都将极大地推动大学体育教学方法的实践和多样化的变化，从而转变学生的体育知识和运动技能的思维和方式。

（二）多媒体技术使高校体育教学的质量得到提高

在体育课程的传统教学活动中，教师主要应用的教学方式是讲授为主、挂图等展示方式为辅。在实践课中则需要体育教师进行讲解与示范，在主观条件与客观条件的约束下，很难做到完全规范、标准的技术动作示范，在较短的时间内，学生们正确的动作概念也很难形成，只有体育教师才能够反馈出学生的体育学习状况，而这样的高校体育教学效果也是可想而知的。

多媒体高校体育教学的实施使得上述的状况得到改变，在文字与图片的辅助下，体育课程的抽象概念得以具体化、形象化，而通过计算机，就能够对难度较高的体育技术动作进行模拟演示。而在解释和演示速度快、结构复杂的技巧时，效果会更好。利用多媒体技术，以慢镜头的形式，让学生清楚地感受到这一系列的动作，促进相关体育概念的形成与动作要领的掌握，方便进行模仿与掌握，使得高校体育教学的效率与效果得到很大提高。

（三）多媒体技术使学生的体育学习效果得到提高

多媒体技术对字体、色彩、图表、音乐、动画和闪烁等多种表现手段进行了综合利用，保证"声图并茂""有声有色"，使得高校体育教学内容的艺术表现力与强烈的感染力得到增强，高校体育教学的课堂氛围得以活跃，特别是多媒体高校体育教学资料中对肢

体和谐美、力量美与技艺美的体现，使高校学生对体育的功效与个性的社会价值取得真正的认识，激发学生对体育的好奇心和学习的积极性，有效地改善了学生的体育学习兴趣，提高了体育教学的质量。

三、多媒体 CAI 在高校体育教学中的应用

（一）目前我国 CAI 的发展现状

当前计算机辅助教学已进入大规模多媒体教学的时代，采用先进的计算机、多媒体、网络、通信技术和装备，"把最优秀的教师带到最广泛的学生面前"。所以，保证 CAI 课件大数量、高质量的发展具有十分深远的意义。

（二）多媒体 CAI 的发展趋势

通过对近年来 CAI 技术在计算机辅助教学中的运用现状的综合分析，可以发现在 CAI 教学中有三大发展趋势：

1. 呈现网络化的发展方向

随着计算机技术的飞速发展，特别是互联网技术的飞速发展，使人们的生活方式与工作方式得到很大的改变。网络技术的发展需要多媒体技术的支持，而多媒体技术需要在网络中得到应用，进而使网络的表现力得到了增强。在网络中应用 CAI 课件，确保了"最好的教师为最广大的学生服务"，从而实现了多媒体 CAI 的团体教学。

2. 呈现智能化的发展方向

从功能上看，多媒体教学软件与仅有教学辅助系统是相辅相成的，如果能够将两者进行结合，那么就能够规避短处的同时而发扬长处，进而使得性能较高的新一代多媒体 CAI 系统得以顺势而生。如果想要使多媒体 CAI 具备一定智能性的问题得以实现，那么就不仅仅需要同人工智能领域的知识表达与知识推理紧密联系在一起，在这一过程中，我们也要思考如何构建学生模型。在人工智能领域中，知识表达和推理是一个亟待解决的问题，它必须寻求一种适合于多媒体环境的新的知识表达形式和相应的推理机制。

3. 呈现虚拟现实的发展方向

虚拟现实的简称是 VR，属于交互的一种人工世界，需要多媒体技术同仿真技术的有机结合，在此种人工交互的情境中对一种身临其境的感觉进行创造。通常来讲，如果想要融入虚拟现实的环境中，那么就需要对一个特殊的头盔与一副特定手套进行佩戴。

在高校体育教学中应用 VR 技术，比如，我们可以建立一个"虚拟物理实验室"，让学生进行各种虚拟实验，比如重力测量，从而更好地理解物理的原理。

（三）同传统的高校体育教学方法相比，多媒体 CAI 具有的优势分析

在高校体育教学课堂教学活动开展的过程中，由于高校体育教学内容与高校体育教学任务方面存在着一定的需求，因此，多媒体 CAI 能够科学地、合理地对现代化教学媒体进行选择，并进行应用。而全面的信息传输，需要身体的各种感官，同时，也可以通过媒体的系统教学来进行反馈和调整。在高校体育教学课堂教学开展的过程中，保证它的存在是始终有效的，从而实现高校体育教学过程的优化。

多媒体 CAI 高校体育教学同传统的高校体育教学活动相比较，存在的优点有以下几种：

1. 体育教师在指导学生体育学习活动的过程中对其系统进行利用

在现代化高校体育教学中，计算机能够对大量的教学相关信息进行承载，能够按照高校体育教学的实际需要，开展人机对话，并且能够对各种各样的高校体育教学活动随意地调用、开展。

2. 可帮助学生对动作概念尽快地建立

如果能够将多媒体 CAI 应用在体育课堂教学过程中，就能够促进力量教学效果的获得。例如，体育教师在对足球理论课进行教授的时候，提到"越位"这一概念的时候，大部分学生对此概念能够很好地理解，然而，在具体的实践中却不能较好掌握。在进行表达的过程中，体育教师既能运用绘图的形式，又能运用声像资料，针对足球运动中常见的"越位"镜头，从不同的角度，适时地向学生们展现"越位"的含义，并加入了反复推敲的解说词，激发了学生的各种感觉，让他们从理性和感性两个方面去了解这个概念。

3. 学生可用其对自我学习、自我测验与自我评价直接地开展

对于多媒体高校体育教学的使用方法，由体育教师向学生传授，保证学生的体育学习活动，不仅能够在课堂上进行，还能够在课堂教学结束后开展。

4. 向学生及时、准确地反馈其学习进程，使体育学习效率得到提高

在传统的高校体育教学过程中，教师在对跳远动作进行教学的时候，会对学生做出的不规范腾空动作或者是没有达到规定标准的动作进行指出，但是有时候学生可能并没有意识到错误的动作，因此导致教师和学生之间出现了沟通障碍，需要注意的是，如果想要消除此种状况，就需要在体育教师的悉心指导下，学生对某一种动作一遍一遍地不断重复，并且在不断的重复练习中，对动作的要领不断体会。如果是在学生需要改进某一个成形动作或者使自身运动成绩得到提高的时候，就可能会导致学生具有较低的训练水平与较慢的成绩提高。如果体育教师对每一次学生做的跳跃动作进行录制，进行慢动作处理，再组织学生进行观看，使学生对于存在的问题能够及时发现，并予以纠正；也可以通过电脑的运

算功能，提前记录下一些成绩优异的学生的动作，再将两者开展对比，就能够很明显地得出两者之间存在的区别。此外，这套编制的多媒体 CAI 在专业运动员的训练中也同样适用。

5. 使学生的体育学习兴趣提高

在传统高校体育教学活动开展的过程中，鉴于单调高校体育教学形式与落后高校体育教学手段的存在，使得学生由于学习过程反复、辛苦、无聊而产生的不能积极应对学习的心理状态想要调整过来是不容易的，但是，多媒体 CAI 的教学形式新颖多样，既能调整学生的良好心态，又能激发学生的求知欲望，提高学生的学习效果。

综上所述，多媒体 CAI 能够刺激学生的各种感官，对知识或信息进行最大限度的吸收。多媒体 CAI 技术在大学体育教学中的运用，可以促进多种媒介技术的发展，从而更好地满足大学生的各种心理需求。它可以把数据压缩成图片，然后进行同步识别，以保证高校体育教学文件的声图并茂，绘声绘色，且清晰，便于理解，使学生更加容易接受。

（四）体育多媒体 CAI 课件设计

1. 体育多媒体 CAI 课件设计步骤

体育多媒体 CAI 在设计的过程中，主要包含四个主要步骤，具体内容如下：

（1）体育 CAI 多媒体课件的初步设计。在体育 CAI 课件的初步设计中，首先要对题目进行确定，之所以对题目进行确定，目的在于对课件设计所依据的规范进行了解。

（2）体育多媒体 CAI 课件设计的第二阶段。在体育多媒体 CAI 课件设计的第二阶段，要对脚本进行撰写。撰写脚本的目的是对高校体育教学的内容进行安排。脚本主要是由具有丰富教学经验的高校体育教师或者作者来负责撰写。

（3）第三阶段的体育多媒体 CAI 课件设计。在多媒体 CAI 课件的设计阶段，首先要编写相应的软件，前面两个阶段还只是停留在纸上，到了这一步，课件已经不能用文字来描述了，它已经变成了真正的课件。在此阶段，应完成以下三个方面的工作：①运用多媒体技术，正确地处理多媒体资料；②利用教学工具，利用多媒体教学软件进行教学；③对相关的程序进行编制。

（4）体育多媒体 CAI 课件设计的第四阶段。当完成了体育多媒体 CAI 课件的开发、设计工作以后，就需要对其进行测试、检验。

2. 体育多媒体 CAI 课件的选题原则

我们需要承认的是，体育多媒体 CAI 课件具有的特点与优势是非常强大的，然而，有时候也会有相对的不足与局限存在，因此，在完成全部教学任务进行完成的过程中，不能对体育多媒体 CAI 课件过分依赖，还应该对高校体育教学目标、高校体育教学条件、高校体育教学资源与高校体育教学内容进行考虑，确保最佳的选择和精心的设计。同时，还要与其他教育媒介密切结合，发挥各自的优势，从而形成一个更为有效的教学体系。

我们首先要思考体育 CAI 课件的设计价值，也就是课件的制作是否必须。如果用传统的方法来达到较好的教学效果，就没有必要花费大量的精力去对体育多媒体 CAI 课件进行制作。所以，在对体育多媒体 CAI 课件的内容进行确定的时候，通常会很难使用语言对高校体育教学过程中的难点与重点进行清晰的表达，在这样的情况下，对于体育多媒体课件的形式进行使用是比较合适的。之所以这样，主要原因是对于体育多媒体课件而言，自身具备较为丰富的功能，能够将声音、视频、动画、效果汇集在一起，能够更贴切地模拟自然、表现自然，或者是在实验条件的支持下，通过局部放大、旋转与重复等多种方式进行展现，例如，对于一些进展比较困难的危险实验进行替代，高校体育教学过程中学生的实际操作，周期较长或者代价较高的实验，但是，需要注意的是，在选择高校体育教学内容的时候，应该选择那些不存在演示实验或者是演示实验不容易做的教学内容，并且进行使用。

3. 体育多媒体 CAI 课件的设计原则

（1）体育多媒体 CAI 课件设计的结构化分析原则。在体育多媒体 CAI 课件进行设计的过程中，应该对结构化分析原则进行遵循，而我们这里所说的结构化分析原则，主要是在设计体育多媒体课件的过程中，运用系统的分析，将其分解成不同的元素，直到将这些元素都清晰地表达出来，就能够停止事物的分解了。基于结构化分析原则下的体育多媒体 CAI 课件，能够将高校体育教学的内容进行层次清楚的表达，纲举目张，不管是从系统宏观来讲，还是对于局部细节而言，所做的认识都是非常详尽的，因此，对于体育多媒体 CAI 课件中框架的展开与学科内容的设计都能够起到一定的促进作用。

（2）基于模块化的体育 CAI 课件设计原理。所谓的体育 CAI 多媒体课件的模块化分析原理，就是根据结构分析的基本框架，把相似的零件划分为一个独立的单元，通过模块图来描述单个功能单元的构成，从而决定了课件系统和它对应的功能结构，为组织编程提供了有利的条件。

（3）体育多媒体 CAI 课件设计的个别化教学原则。在对高校体育教学内容进行选择与组织的时候，要做到能有广泛的适用性，要确保一定水平的所有学生都能适用，同时针对学生的能力差异，制定出相应的大学体育课程及应对措施。比如，学生可以掌握他们所学的知识的深度和广度，并且可以决定他们的学习进程。

（4）体育多媒体 CAI 课件设计的反馈和激励原则。体育多媒体 CAI 课件应该对于每一个学生做出的反应都能够将与之相对应的信息不论时间、不论地方地进行反馈。在体育多媒体 CAI 课件中，要保证友好的交互界面，充分调动学生体育学习的积极性。

（5）在体育教学中如何实现多媒体 CAI 课件的设计。在体育多媒体 CAI 课件的设计中，既包括了体育课件的展示，又包括了运动 CAI 课件的制作方法和原理。在对高校体育教学的结构与内容进行设计的过程中，体育教师不能单纯地依靠传统的方法与经验对高校体育教学结构与内容进行设计，同时，还要适当地使用系统的技术和方法，进而对高校体育教学目标的设计与分析。

4. 设计体育多媒体 CAI 课件的具体方法

现阶段，有一些体育教师不能够把握住体育多媒体课件的精髓所在，只是一味地追求最新的科学技术，一不小心就将体育多媒体课件的性质进行了改变，使之成为了多媒体成果的展示，这样是不正确的。之所以出现这样的结果，主要是因为，没有对高校体育教学中体育多媒体课件起到的作用进行明确，需要注意的是，在高校体育教学过程中，体育多媒体课件发挥的作用不是主要的，而只是辅助性的。在体育课堂教学开展的过程中，教师仍然发挥着主导作用。只有将体育多媒体 CAI 课件的设计工作做好，才能够制作出更多优秀的课件。所以，在设计体育多媒体 CAI 课件的过程中，可以考虑从以下几个方面进行考虑：

（1）从体育教学中的多媒体 CAI 教学中应注意的问题。开发体育 CAI 课件，其主要目标是优化体育教学结构，提高教学效果，既能促进教师教，又能促进学生学。因此，在进行体育 CAI 课件的设计时，首先要把它的教学价值放在首位，即是否应该把多媒体 CAI 课件应用到体育课中去。一般来说，单纯采用传统的大学体育教学方法，可以达到较好的教学效果，因此，在体育教学中投入过多的时间和精力是没有意义的。因此，在进行体育多媒体 CAI 课件内容的制作之前，应尽量选择一些不具备或难以实现的体育课程内容。

（2）从体育多媒体 CAI 课件的易用性考虑。对于体育多媒体 CAI 课件而言，应该能够清楚地表达出高校体育教学的目标、高校体育教学的步骤与高校体育教学的具体操作方法，同时，有一点需要注意的是，即在同本机脱离的情况下，在其他的计算机环境中，体育多媒体 CAI 课件也能够运行成功，因此，需要对于几项具体的内容进行注意：

①体育多媒体 CAI 课件应该便于安装，且能够随意拷贝到其他硬盘上使用。

体育多媒体 CAI 课件应该保证启动比较快速，避免体育教师和学生焦急等待的情况出现。体育多媒体 CAI 课件应该尽可能占据较小的容量，需要注意的是，对于体育多媒体 CAI 课件越大越好的错误观念必须要更正，伴随网络技术的日新月异，体育多媒体 CAI 课件的运行在网络环境下最好。

②体育多媒体 CAI 课件应该具备友好的操作界面。对于体育多媒体 CAI 课件而言，其操作界面应该包含一些具有明确意义的按钮和图片，同时还要能够通过鼠标进行操作，对于一些特殊的情况的避免发展，例如，键盘操作复杂等。此外，应该合理设置体育多媒体 CAI 课件各个内容部分间的转移，保证方便地操作跳跃、向前与向后等步骤。

③体育多媒体 CAI 课件的运行要保证一定的稳定性。对于体育多媒体 CAI 课件而言，在其运行过程中应该保证一定稳定性的存在，如果体育教师在执行体育多媒体 CAI 课件时做出了错误操作，那么就十分容易产生退出的情况，也会出现计算机重新启动的情况。因此，在体育多媒体 CAI 课件具体的操作过程中，体育教师应该尽可能地使死机的情况较

少，甚至不出现，保证体育多媒体 CAI 课件运行过程中稳定性的存在。

④体育多媒体 CAI 课件要保证及时进行交互应答。在体育多媒体 CAI 课件运行过程中，应该保证及时地进行交互应答。而不能将体育多媒体 CAI 课件等同于电影。同时，体育教师要注重学生的学，要让学生有一个逐步的学习过程，让他们有更多的思考空间。

（3）从艺术 CAI 体育多媒体教学中应注意的问题。对于一个体育多媒体 CAI 课件而言，它的演示在保证良好高校体育教学效果的同时，还应该是令人愉悦的，只有这样才能够将美的享受提供给体育教师与学生。如果上述的两项因素都能够保证，那么就表示这样的体育多媒体 CAI 课件存在着较强的艺术性特征，完美地融合了优秀的内容和优美的形式，值得我们注意的是，想要实现这两个目标一点也不容易。

体育多媒体 CAI 课件的艺术性特征主要的表现是：具有柔和色彩的操作界面，科学合理地进行搭配，画面应该同学生的视觉与心理产生共鸣；为了能够保证将更加逼真的图像呈现出来，可以考虑使用 3D 效果；对于画面的流畅性要做出保证，避免停顿、跳跃的现象出现，需要注意的是，体育多媒体 CAI 课件画面中最多只能存在两个运动对象；此外，不仅要存在优美的音色，还必须通过适宜的配音进行辅助。

5. 体育多媒体课件创作工具的选择

在选择体育多媒体课件创作工具的问题上，如果能够恰当地选择体育多媒体课件的创作工具，那么就能够使得体育多媒体 CAI 课件的具体实施产生更加理想的效果。在本书的此章节内容的分析与研究中，本节从以下几个角度对具有代表性的体育多媒体课件制作工具和开发工具进行了简要的分析：

（1）在制作体育多媒体课件时选择体育多媒体创作工具的基本原则

在体育多媒体课件创作的过程中，所选的创作多媒体工具，其主要用途是当用户编排、制作各种各样的节目能够起到一定的促进作用，多媒体的创作工具在向用户提供的过程中，通常是交互的设计环境与易懂、通俗的高级编著语言，如此一来能够为用户编制各种内容提供便利。如果在体育多媒体 CAI 课件设计过程中，恰当地选择多媒体创作工作，那么就能够保证体育多媒体 CAI 课件的效用得到最大限度的发挥。

①高效原则。在体育多媒体课件创作的过程中，将会对多媒体的开发、创作工具进行应用。对于多媒体开发、创作工具而言，存在的特点主要有：具有容易实现、具有丰富多样的效果、较高的媒体集成度、看到的就是得到的，在体育多媒体课件备课问题与课件开发的开展方面，具有十分明显的效率优势，这一点传统"语言"系统是做不到的。

②易用原则。同样的知识，由 1000 个教师来教授，那么就会有 1000 种方法。而实际操作中的体育多媒体课件具有操作简单、使用方便等特点，如果想要体育教师真正地接受并使用他们，就需要体育多媒体课件的使用方法在较短的时间内被体育教师所掌握，即便这个体育教师对于程序设计一窍不通，甚至是对于计算机的操作也了解甚少。

③开放原则。在高校体育教学开展的过程中，可以使用的素材是富有变化的，因此，

体育多媒体课件必须要拥有一个几乎被所有多媒体格式都能兼容的体育多媒体课件创作开发平台，在能够提供或者应用各种各样高校体育教学素材的同时，还能够支持各种各样输入的设备格式。此外，还应该保证存在的所有素材都能够得到充分利用，自己的产品不管是在哪一台计算机中都能够使用。

④价廉原则。体育多媒体课件创作工具选择的价廉原则，是一种共同要求，在任何一个领域中都适用。当前"质优"是必要的前提。

（2）体育多媒体课件创作工具简介

在进行体育多媒体课件制作时，在选用体育多媒体创作工具时，应先了解其存在的作用。通常来讲，体育多媒体课件创作工具具备的功能有很多，例如，①为体育多媒体的编程营造良好氛围；②多媒体数据管理功能；③超文本功能；④超媒体功能；⑤对于体育多媒体数据的输入和输出都能够有效的支持；⑥连接各种各样应用的功能；⑦友好的用户界面；⑧制作、编排动作的功能。

在体育多媒体教学课件创作的过程中，如果体育多媒体的创作工具存在于不同的界面中，那么就会同样存在不同的创作特点与创作风格，同时，每一种都会存在其各自的不同优点与缺点。但是，如何对这些界面不同的创作工具进行选择，主要依据是个人的偏爱与需要完成的创作任务。例如，如果仅仅是对学术会议的报告与研究生答辩内容进行制作，那么就不需要通过更加复杂的编程软件来完成制作，只需要对幻灯创作工具进行选择、使用就可以了。但是，需要说明的是，如果想要针对某一个领域中的教育教学软件进行制作，以便于更好地辅助个别化教育训练的开展，或者是实际操作的练习中使用，那么就应该选择具有较强交互性的多媒体创作工具。对于几种比较常见的多媒体创作工作，作者进行了如下的分析：

①幻灯式多媒体创作工具。在体育多媒体课件制作的过程中，通常使用的是一种以直线形式表现的多媒体运动作品。这种创意工具在实际应用中，就是将一组幻灯片的排列组合，将画面以一定的次序分开，然后显示出来。这里所说的幻灯片，可以是一张简单的文字，也可以是一张图片，一张是由声音、图像、文字、视频、动画组成的复杂的多媒体课件。但是，有一点需要强调，那就是：一般来讲，此种体育多媒体课件创作的幻灯式多媒体创作工具，在开始使用之前必须要存在一个预先设置完整的展示程序。

对于体育多媒体课件创作的幻灯式多媒体创作工具而言，其某一些特殊存在能够将一定程度的交互提供出来，再按照一定顺序立体体育多媒体教学课件界面中存在的键盘操作、鼠标操作与按钮操作，在对体育运动技术动作进行设计的时候，只有通过操作键，才能将超链接连接起来，除此之外，还可以开启其他的程序。PowerPoint 是一种最典型的幻灯式多媒体创作工具，它具有简单、易学、易用的特点，能够在一个完整的软件环境中进行创意演示，包括集成工具、格式化流程、绘画，还包含了其他多种选项。此外，对其包含的许多模板，我们可以直接进行调用，但是，此多媒体创作工具也是存在缺点的，即只存在简单的交互，甚至是缺乏交互，并且存在的交互只是在幻灯的线性序列的点之间进行跳转。

②页面型的多媒体写作工具。页面式多媒体写作工具的最大特色是：将相关的高校体育教学内容制作成一本书的形式，当然也存在"页"，并且这些页像书稿一样，也有一定的顺序存在。而上述的这一特征同体育多媒体课件创作的幻灯式多媒体创作工具是比较相似的，但是，两者之间肯定会存在一定的差别，即在页与页之间也能够有效支持更多的交互形式，给人一种身临其境、能够浏览真实书稿的感觉。书页式多媒体创作工具的典型是Tool Book，此软件能够对应用程序进行想象，使之成为具有很多页的书籍，在它自己的窗口中可以对每一页的内容进行画面展示，里面有大量的交互信息与媒体对象包含其中。可以说，书页式多媒体创作工具与幻灯式多媒体创作工具相比，在结构方面，交互能够在一页内完成，显示出更加丰富的特点。对于Tool Book来讲，在一个独立存在窗口上，每一次只能显示出一个的内容。因此，在应用程序中的实现智能只能是利用页面不同的现实才能够完成。此外，还能够在打开某一本书的某一页内容的时候，同时打开其他的书籍，所以，对于更加复杂化的一个层次结构的建立，可以进行充分的考虑，也就是所谓的书架式的应用程序。对于此种书架式的应用程度而言，其原理在于在书架上，将多种多样的事物当作一本书进行放置。

比较典型的创作工具就是Tool Book。Tool Book是水平较高的面向对象开发的一个环境，它能够将面向对象的一种程序设计语言OPENSCRIPT提供出来，两种相关的信息可以通过这种语言在一起链接，从而对于各种任务的完成起到一定的促进作用，例如，可以用于动画声音、计算数字、播放图像，等等。此种体育多媒体课件创作工具的特点，一般在其对应用程序的组织方面体现出来。此种创作工具具有较强的超级链接能力与超级文本能力。对于Tool Book而言，如果按照使用的角度对其进行划分，就能够分成两个主要层次，分别为Tool Book的作者层次与读者层次。从读者层面上而言，用户能够执行对书的各种操作，同时，阅览它的内容；从作者层面上来讲，设计者能够使用命令来实现对新书的编写；在修改对象或者程序中各个页次对象等的时候可以对调色板与工具箱进行利用。

③时基模式创作工具。在我国，这里所说的时基模式创作工具，是一种常见的多媒体编辑系统，主要将时间作为基础，通过此种编辑创作工具制作出的内容近似于卡通片或者电影。时基模式创作工具通常是利用看得见的时间轴来对显示对象上演的时间段与事件的顺序进行确定。在这种时间关系存在的情况下，它的出现形式可以是许多的频道，从而能够使多种对象得到安排，同时呈现出来。通常在这样的系统中会有一个控制面板的存在，主要是为了对播放进行控制，一般来讲就像常见的录音机与录放像机，主要包含了演出、快进、倒带等按钮。

④网络模式创作工具。对于网络模式的创造工具，可以让程式构成一种自由的架构，从任意地点传送到其他地点。同时，其结构和表现次序也是不确定的。在使用网络模型进行写作时，仍然要求作者自己构建自己的框架，这意味着作者要做更多的工作。但在各种

形式的多媒体创造工具中，这种创造工具具有许多不同的层面，更适合于运用。一种很有代表性的软件，它可以让使用者在应用空间中的任意物体上移动，访问是完全随机的。网络式的实现可以对任何一种程序语言进行利用，然而，它存在较高的计算机方面的要求，首先需要作者至少是一名程序员。

⑤传统程序语言为基础的多媒体创作工具。对于程序员来讲，在编程方面比较擅长，一般情况下，对多媒体创作系统的局限性和依靠工具包生成图像的方法是难以接受的，因此，要将其应用到多媒体创作系统中，完全地丢弃到他们所熟悉的语言创作工具是非常困难的，几乎不可能实现。在这样的情况下，不仅适当地保留传统语言的特征，还要对于设计程序过程中所涉及到的环境进行改进，使之能够向可视化操作的一个系统转变。如果这样的话，就能在程序编写的过程中，使程序员在充分利用传统语言的同时，还能够对多媒体开发的工具箱进行应用，并且还能够直接使用工具箱内的这些编码，使之变成能够得到重用的编码。可以预见，此种多媒体创作工具存在的应用前景是相当广泛的。

第二节　高校体育教学中微课的应用

一、微课的概念

（一）微课概念

所谓的微课，是一种通过录像的形式，将教师在教学中所教授的重要内容和关键的内容展现出来。微课具有一些比较显著的特点，即：①碎片化；②突出重点；③具备的交互性比较强；④能够反复多次使用。微课作为一种全新的教学模式，能够使学生的碎片化学习活动随时随地展开。

（二）微课的组成

对于微课而言，其组成内容的核心就是示例片段，也就是课堂教学视频。不仅如此，也有同某个教学主题相对应的辅助性教学资源，例如，素材课件、教学设计、练习测试、教师点评、教学反思和学生反馈，等等。在一定的呈现方式和组织关系下，它们共同营造了资源单元应用的"小环境"，而这里所说的资源单元具有的显著特征是主题式的半结构化单元资源，因此，微课同传统单一资源类型的教学资源之间是有一定的差异存在的，主要表现在教学设计、教学课例、教学课件与教学反思等方面，同时，微课与上述的这些教学资源之间存在一定的联系，即微课作为一种新型的教学资源，以上几种教育资源是其发展的根本。

（三）微课的特点

1. 碎片化

微课的时间约为 10 分钟，以清晰的录像形式展示了课堂的整个过程。

一堂传统课堂教学的时间是 45 分钟，而原有的段状课程在微课的作用下，逐渐向点状课程转变，促进了更加精华、细致课程内容的出现，因此，学生除了课堂的教学的时间以外，还可以利用课外的其他零散时间，例如，当学生排队等待就餐的时候，可以利用这一小段时间进行学习，所以，微课的显著特点之一就是碎片化。

2. 突出重点

基于学生的学习特点，在微课显著碎片化特点的影响下，对于教师的教学能力，微课也提出了更高的要求。在微课视频的 10 分钟展示时间内，要求教师将严谨的逻辑性进行体现的同时，也要突出教学的亮点，真正把握好学生的学习要点，从而更好地调动学生的学习积极性。

3. 较强的师生交互性

微课作为一种新鲜的课堂形式，它的出现在满足学生知识渴求与猎奇心理的同时，也可以有效地解决传统教学模式下单边输出的问题。通过微课的实施，增强了师生间的交流，不仅能及时地收集到课堂上的兴趣点，同时，对于学生存在的疑问，教师也能够及时进行回答。这无疑会为教师课程后期的设计提供便利条件，使其能够同现阶段学生的知识渴求得到一定的满足，进一步提升课程的教学效果。

4. 能够反复多次使用的教学资源

在微课的模式下，学生能够按照自身的实际需要，对体育学习活动随时随地地展开，例如，在课程开始之前，学生可以通过微课来预习运动技能、巩固难点和重点、练习课后的动作，等等，上述这些微课学习途径，在进一步提升教学效果的问题上都能够发挥有效的促进作用，此外，对微课教学模式的使用，还可以使学生课程学习的积极性得到增强。

二、微课在高校体育教学中的应用

针对微课的碎片化、突出重点、强师生互动、可重复使用等特点，从基础的角度，结合体育微课的基本原理，开发高品质的体育微课，可以进一步改善目前的大学体育教学状况，提高学生的体育学习兴趣，要始终去探索，一般来讲，高校体育教学中，主要会在以下几个方面将微课的应用体现出来：

（一）微课应用在体育课程设计中

对于体育微课而言，它不仅补充了传统的高校体育教学模式，或者说，在多媒体时代，大学体育教育的发展是不可避免的。微型课程的兴起，改变了原有的体育课程标准，因此，就需要保证体育课程有理有据、有血有肉。在高校体育教学开展的后期阶段，将以往室内体育理论课与室外实践课分开开展的体育课程设计进行改变，将两者进行融合，同时，鉴于多媒体时代的大数据特点，在进行室内理论教学时，应注重师生间的信息数据交换，使他们的头脑风暴在体育课程中得以实施，呈现出更加公平、更加自由的体育课程；此外，在这样的形式下，体育教师的教学思维能够得到更进一步地更新，使学生体育学习的热情得到提升。

（二）微课应用在体育课程教学中

一方面，基于体育时事热点与体育课程的新内容等方面，体育教师能够对新颖的体育新课进行设计，并向微课导入，在体育课堂教学开展的过程中，组织学生团体观摩是为了引起学生对体育的关注和对运动的兴趣；另一方面，在高校体育教学实践活动开展的过程中，体育教师可以将复杂动作的教学制作成微课，同时，在体育课堂教学过程中，重复地向学生播放，使大学的体育课程更加具体、直观、生动、形象地展现。

（三）微课应用在体育课后辅导中

就大学的体育课来说，一节课的时长为 45 分钟，由于学校的体育课时间很少，教师们很难做到全面地教学，因此，有些同学跟不上学校的教学进度，也不一定能完全掌握自己的动作技巧，因此，在体育课的最后，教师会给他们分发一份包含大学体育课程的重要信息的录像。对于已经学习的技术动作进行练习，对课堂上所学内容进行复习，切实保证温故知新，提升学生的学习效果。

第三节　高校体育教学中慕课的应用

一、慕课的概念

（一）授课形式

慕课是一种将在世界各地分布的学习者与授课者通过某一个共同的主体或者话题而联系在一起的方式方法。几乎所有慕课的授课形式都是话题研讨的方式，并且只会将一种大概的时间表提供给授课者与学习者，但是一般来讲，慕课课程都不会对学习者有特殊的要求，一般会进行说明的内容比较简单，例如，阅读建议、每周进行一次的问题研讨等。

（二）主要特点

1. 规模比较大

所谓的规模比较大特点，指的是网络开放的大规模课程，而不是以个人名义对一两门课程进行发布。我们这里所说的网络开放的大规模，通常是指那些参与者发布出来的课程，这些课程一般会被人们称作是大规模的课程或者是大型的课程，慕课的典型形式就是这些课程。

2. 开放的课程

所谓的开放的课程，一般会对创用协议严格遵守；可以说，开放的课程，就能够被称为慕课。

3. 网络课程

网络课程的相关材料通常在互联网上散布，而不是面对面的课程。此种课程的显著特征就是没有上课地点的特殊要求。例如，如果你想对美国大学的一流课程进行享受，那么不管你处在什么地方，不需要花费太多的金钱，只要有网络连接与电脑的存在就能够实现。

二、慕课在高校体育教学中的应用

（一）高校体育教学中慕课的应用价值分析

自慕课引入我国以来，已经过了很长的一段时间，对于此种新式的教学方法许多的学校都开始进行尝试，然而，慕课在高校体育教学方面的应用却非常少。实际上，慕课的教学方式在高校体育教学方面也是非常适用的。

随着社会网络的日益发达，人们每天都会上网，不管是对网页进行浏览，还是刷微博、刷抖音，我们都必须要承认的是网络在现代人们生活中承担的责任越来越重要，而对于慕课而言，就是对于此种现状进行利用，在学习开展的过程中充分利用网络条件。除此之外，作为一种学习方式，慕课还具备一定的主动性特征，任何人的监督与强迫都不会对其发生作用，按照自己的个人兴趣爱好，使用者可以选择、学习自己喜欢的运动。同时，慕课所拥有的资源范围是非常广泛的，在高校体育教学开展过程中对慕课进行应用，教师和学生还可以实现对国外高校体育教学资源的分享与使用。

现阶段，学校体育课的开展形式主要是体育教师授课、学生接受学习，即高校体育教学课堂教学中，教师首先进行讲解、示范，之后学生再进行练习。然而，我国大多数中小学、高中体育课的时间一般是 45 分钟，当体育课的准备活动做完以后，由体育教师进行体育技术动作的讲解与示范，但是，一堂体育课的时间已经耗费很多，学生们的练习活动无法在剩下的时间展开。然而，对于这个问题，慕课就能够很好地进行解决。

当体育课堂教学结束以后，学生在课后就能够自行复习。在体育微课视频中包含真人操作与讲解，能够帮助学生对于白天体育课堂学习的动作进行复习与记忆。尽管高校体育教学时间长达一个半小时左右，学生能够拥有足够的时间去学习、练习体育运动技术，但是，他们只能对每门体育课修习一次，由于基本上每一个学期所要学习的内容都是相同的，但是学生上会存在差异，不利于一部分学生深入学习。

在高校体育教学中应用慕课的教学方式，不仅能够保证学生深入学习活动的开展，还有利于学生自己掌握学习进度。同时，由于慕课中存在的学习资源是非常丰富的，有利于学生寻找到适宜自己的运动方式。例如，对于一部分学生而言，可能剧烈的运动不适合他们，所以，他们能够在慕课中对比较适合自己的运动进行寻找，如此一来，不仅能够避免损伤自己身体的情况发生，还能够使体育锻炼的目的顺利实现。

实际上，如今许多家长也比较重视学生的体育锻炼问题，为了保证孩子的健康成长，家长总是喜欢带着孩子从事散步、晨练等体育锻炼活动。然而，这些体育活动的效果能够真正实现吗？大多数的时候，人们通常会认为，只要自己去参加体育锻炼了，那么就会有益于自己的健康发展，然而，需要注意的是，如果人们不能应用健康的方式开展体育锻炼的话，那么在浪费了体育锻炼时间的同时，可能还会在一定程度上造成身体伤害。如果在高校体育教学中应用慕课的方式，那么在体育运动锻炼的过程中，参考标准的动作，去完成体育锻炼，在这样的情况下，就像是一个专业的私人教练陪在自己身边，并对体育锻炼活动进行正确的指导。

（二）慕课应用在高校体育教学中的未来发展

慕课的教学方式来源于国外，在我国的高校才刚刚起步，而且有一些内容对于我国高校而言是不适用的，必须要进行一定时间的磨合才能够同我国的教学理念相适应。

基于这样的形势，我国大部分高校应该按照自己学校的特点自行录制慕课视频。同时，在录制慕课视频的时候，可以是多个学校的教师共同参与录制、讨论，然后再对多个优秀的视频进行选择，并且上传到网上，方面学生们进行观看、下载、学习。由于不同的教师在讲课的风格与方式上也会存在不同，而教师们录制的慕课中包含多个教师的教学课程，那么学生就能够对最适合自己的教师进行选择。此外，这样的方法对于大课参与人数多的情况能够进行避免，还能够有效改善学生听课效果不佳的情况，将慕课应用在高校体育教学中，能够使小班教学的目的得以实现。同时，同一学科由多个教师进行录制，能够使比较与竞争更加容易形成，能够帮助学生对于自己的教学缺点更加仔细地观察，使高校体育教学质量得到提高。因为慕课在高校体育教学中的应用主要以网上教学为主，所谓的监督制度是不存在的，因此，要求学生的自主学习能力是比较强的。在高校体育教学考核的问题上，计算机考核的方式可以不再使用，体育教师组织学生开展网络学习以后，再安排传统方式的考试即可。只有这样才能够使学生通过计算机检测进行的情况得到有效避免。此外，还能够对于学生通过慕课进行学习的效果得到检测。需要注意的，对于慕课教学的认识，教师与学生应该摆正。

对于慕课教学而言，并没有对教师完全的解放，例如，在高校体育教学开展的过程中，通过慕课教程开展教学的方式是可取的，然而，如果学生出现一些疑问，也只能是对同一个视频进行观看。因此，教师与学生之间的定期交流应该存在，如此一来，不仅能够使教师和学生之间的感情得到增进，还能够对学生的学习产生一定的帮助。尽管我国对于慕课的应用还处于刚刚开始发展阶段，然而，在现代网络发展的背景下，慕课的发展是一种必然趋势。将慕课应用在高校体育教学中，能够给教师未来教学的开展带来一定的启示，需要注意的是，在使用慕课方式开展高校体育教学的时候，还应该同国内的高校体育教学情况相结合。

例如，在篮球运动课堂教学开展的过程中，不仅仅要对手指上的动作进行教学，还要对脚上的动作进行教学，更重要的是还要将两者的教学活动紧密地联系在一起。因此，在制作相关慕课的时候，不仅要将这些动作进行分解，还要有一个规范的整体动作，以便于学生学习活动的开展。查阅相关的文献资料可知，尽管国内已经引入慕课的教学方式，但是慕课在高校体育教学中的应用还不广泛，如果想要对一个体育慕课的完整体系进行构建，那么就需要具备相关的慕课教程。一般来讲，由国外引入的教学资源通常都是外语，存在大量的体育专业名词，导致学生在理解上容易出现困难，面对这样的情况，在制作慕课的时候，可以聘请我国国内优秀的体育教师结合具体的教学情况进行制作。此外，针对制作慕课的情况，还要对一定的标准进行设定，如果慕课没有达到标准，那么就不能够被使用，这对于慕课的进步与发展是非常重要的。

第四节　高校体育教学中翻转课堂的应用

一、翻转课堂的概念

（一）含义

所谓的翻转课堂，通常是指重新调整教学课堂内外的时间，从本质上来讲，就是学习的决定权不再属于教师，而是由学生掌握学习的主动权。在实施翻转课堂教学中，在有限的课堂上，同学们可以集中精力进行学习，应对全球化挑战、本地化挑战，现实生活中的问题，教师与学生一起研究、解决，使得获得理解的层次更加深入。

此外，教师同每一个学生进行交流的时间也得到了增多。当课堂教学结束以后，学生就能够自主地对学习节奏、学习内容、学习风格与知识呈现的方式进行规划，同时，学生的知识需要少不了教师对讲授法与协作法的使用才能够得到满足，使学生实现个性化的学习，最终的目的是通过实践活动保证学生学习活动的真实性。

（二）主要特点

在很多年以前，人们就对视频教学的方式进行过研究、探索。最直接的证据是：世界上大部分国家在 20 世纪 50 年代的时候就开展广播电视教育。为什么传统教学模式没有受到当年所做探索的任何影响，而翻转课堂教学模式却被人们广泛关注呢？作者认为是由于"翻转课堂"具有几个明显特点所导致的，对于翻转课堂的特点，作者进行了如下的分析：

1. 教学视频的短小精悍

各种教学视频很明显存在一个显著的共同点，也就是教学视频短小精悍。就算是比较长的，也就十多分钟，大多数都是短短的几分钟。而且，每个人的目标都很明确。如果能够对某一个特定问题进行针对，那么就会比较方便进行查找；应该尽量在学生注意力比较集中的时间范围内控制视频的时间长度，同学生的身心发展特征相适应；在网络上发布的视频存在回放功能、暂停功能等，能够自己进行控制，使学生的自主学习能够得以顺利实现。

2. 教学信息的明确清晰

教学视频中一个比较明显的特征，就是将一些数学的符号不断地进行书写，并且将整个屏幕慢慢地填满，同时，在书写的同时，还有画外音的配合。这样的方式就像将我们聚集在同一张桌子前面，一起学习，在一张纸上写下内容使人感觉贴心。这是同传统的教学录像相比，翻转课堂教学视频的不同之处。如果在视频中出现了教室中的各种摆设物品，或者是教师的头像，这样很可能会让同学们分心，尤其是在他们自主学习的情况下。

3. 重新建构学习流程

学生的学习过程分为两个部分：①知识的传递，其实现需要教师与学生之间的互动、学生与学生之间的互动；②第二阶段，内化吸收。需要学生在课堂教学结束以后自己完成。在学生自己完成的过程中，因为缺少教师的支持与同学的帮助，因此，学生在内化吸收的阶段经常会出现挫败感，使他们丧失掉学习的动机与成就感。

"翻转课堂"的教学模式使学生的学习过程得到重新建构。第一阶段的传递信息，是在课堂教学开始之前由学生完成的，而教师在对视频进行提供的同时，也对在线的辅导进行提供；此外，第二阶段的内外吸收，是在课堂教学开展的过程中，由互动而实现的，对于学生存在的学习困惑与困难，教师应该提前进行了解，同时在课堂教学开展过程中对学生进行有效的指导，而学生与学生之间的互相交流活动，对于学生内化吸收知识的整个过程，还能够起到一定的促进作用。

4. 复习检测的快捷方便

当学生观看完教学视频以后，就会看到视频结尾处出现的几个小问题，通常是四个或五个，能够帮助学生及时检验自己教学内容的学习情况，同时，根据自身的学习情况做出合适的判断。如果对于这几个问题，学生的答案不是很理想，那么学生就应该回放一遍教学视频，对于出现问题的原因仔细思考。教学视频的另一个明显优势，就是能够在经过一段时间的学习以后，方便学生对学习到的知识进行复习与巩固。伴随评价技术的不断发展跟进，使得学生学习的相关环节具有足够的实证性资料支撑，这对于教师真正意义上了解学生是非常有帮助的。

二、翻转课堂在高校体育教学中的应用

（一）做好在线虚拟教学平台的建设

在线虚拟教学平台建设的主要目标是建立"翻转课堂"，即"上传""师生互动答疑""在线测试与评价""学习跟踪与监测""学习总结""成果展示"六大模块。利用该平台，体育教师可以将与大学体育教学有关的微视频、PPT、各种音频等内容上传到网络虚拟教学平台，实现作业发布、在线测验、监督、交流、在线评价等功能；学生则可以通过这一平台进行学习材料下载或在线学习，并同体育教师之间实现及时的交流与沟通。

（二）注重评价机制的创新

翻转课堂教学模式下的高校体育教学评价不能限于传统的纸笔测验，在评价内容、评价主体、评价标准、评价方法等方面，必须与传统教学相区别；否则，将使翻转课堂的实施成为一种形式。翻转课堂模式下的高校体育教学评价应该把"以评促学""以评促教"作为评价的主要目的，并将学生的进步程度作为评价的主要指标并注重多元化评价的采用，只有这样，评价才能既有针对性又不失全面性。多元化评价主要表现在评价主体、评价内容、评价方法、评价阶段等方面，紧紧围绕促进学生的学和促进教师的教两个方面，最终将提高教学实效作为评价的主旨。

（三）对体育课堂实效进行追求，对避免翻转课堂异化进行避免

翻转课堂是一个新事物，尽管顺应了信息时代的发展，但尚未形成一套科学的教学模式，综合起来主要表现在以下几个方面：

1. 要对弱化体育教师的作用而过度强调以学生为中心的情况进行避免

在"反转"教学中，尽管体育教师将"解释"和"演示"的机会留给了"学生"，

但这并不意味着"教师"的角色会被削弱，反而越来越重要。教学视频的录制和收集，教学资料的优化和整合，虚拟教学的在线教学系统的建立和运行，课堂上的体育教师讲解和示范，学生活动的设计和安排，学生的课后成绩的评价，教学方案的优化和修改，这些都需要教师的努力。过分淡化了体育教师的角色，使其学习过程丧失了系统性。

2. 要对忽视学生课前学习的跟踪和监测而高估学生的自主性的情况进行避免

对于翻转课堂教学模式而言，"掌握学习"是其建构的重要基础。翻转课堂的有效实施离不开学生的自主学习性。作为现实社会中的复杂存在，学生在课堂教学开始之前的在线学习中，并不是每一次都能够针对高校体育教学内容有效的、自觉的学习。因此，教师有必要对学生进行适当的检测与跟踪，它不仅仅能够对学生的技能学习和知识学习的完成起到督促作用，还能够有效培养学生的自主学习能力。

3. 要对忽视学科的差异而一味借鉴其他学科经验的情况进行避免

现阶段，对翻转课堂教学模式的相关理论研究成果与实践研究成绩，主要是基于其他学科的基础智商。在体育学科的理论等方面的研究还并不十分成熟，在对高校体育教学中翻转课堂教学模式的应用进行研究时，我们必须吸取其他领域的实践经验。然而，不同的科目间必然会有差别，其他专业的相关知识和实践，未必就适应于体育。所以，在实际应用中，要充分掌握和吸收其他学科的基本特征，并借鉴其他学科的相关理论和实践经验，对于生搬硬套的情况要避免发生。

4. 要对偏离翻转课堂的本质而过度追求形式的情况进行避免

实行"翻转"课堂的主要目的是提高大学体育教学的时效性，这一点是毫无疑问的。高校体育教学的存在离不开价值的支持与丰富，体育课程教学一种至高境界是对于既正当又有效的高校体育教学进行贯彻，如果过分追求形式而对高校体育教学的效果不够重视的话，那么即便是翻转课堂的教学模式得以实施，也不存在任何的意义。

当前，随着我国高校体育教育改革的不断深化，广大体育教师也纷纷投入到了体育教学改革中。对于翻转课堂教学模式我们依然应该谨慎地对其缺陷与优势进行审视，尤其是要避免偏离翻转课堂的本质而过度追求形式的情况。

参考文献

［1］夏越. 现代高校体育教学研究［M］. 北京：北京理工大学出版社，2019.

［2］谢宾，王新光，时春梅. 高校体育教学与运动训练研究［M］. 长春：吉林人民出版社，2021.

［3］王丽丽，许波，李清瑶. 教育技术在高校体育教学中的实践探索［M］. 吉林人民出版社，2021.

［4］马鹏涛. 高校体育教学改革创新与科学化训练研究［M］. 北京：新华出版社，2018.

［5］周春娟. 高校体育教学的影响因素分析与改革探索［M］. 青岛：中国海洋大学出版社，2018.

［6］周遵琴. 高校体育教学改革与发展［M］. 成都：电子科技大学出版社，2015.

［7］米靖. 体育教育训练学概论［M］. 北京：北京体育大学出版社，2012.

［8］魏纯镭，毛军平. 体育教育与文化［M］. 北京：北京体育大学出版社，2010.

［9］周绍忠，岑汉康. 体育心理学［M］. 台北：亚太图书出版社，2000.

［10］杨芳等. 体育教育与人的发展［M］. 北京：北京体育大学出版社，2009.

［11］刘清黎. 体育教育学［M］. 北京：高等教育出版社，1994.

［12］［美］爱德华等. 体育教育的组织与管理［M］. 张小玲等译. 武汉：武汉体育学院教务处，1988.

［13］［苏］格·依·库库什金. 体育教育理论［M］. 章祖愈译. 沈阳：东北师范大学教务处教材科，1955.

［14］商虹. 体育心理学［M］. 成都：西南交通大学出版社，2010.

［15］翁惠根. 体育教育改革与探索［M］. 杭州：浙江大学出版社，2005.

［16］国家体委科教司. 现行高等体育教育文件选编［M］. 北京：北京体育学院出版社，1993.

［17］季浏，胡增荦. 体育教育展望［M］. 上海：华东师范大学出版社，2001.

［18］［苏］列·巴·马特维也夫. 体育理论与方法［M］. 姚颂平等译. 北京：北京体育大出版社，1994.

［19］张少生，邱永红. 对学校体育教学指导思想的研究［J］. 体育师友，1999（2）.

［20］柏慧敏. 大学体育教育理论教程［M］. 上海：上海大学出版社，2004.

［21］程文广. 中国近现代体育思想及体育教育发展论纲［M］. 北京：北京体育大学出版社，2007.

［22］邵伟德. 体育教学模式论［M］. 北京：北京体育大学出版社，2005.

［23］郝勤. 体育史［M］. 北京：人民体育出版社，2006.

［24］王辉. 影响大学生体质测试的因素及对策研究［J］. 体育文化导刊，2012（9）.